A Saga da FEB: Heróis Brasileiros na Segunda Guerra Mundial
Rodrigo Silveira Garcia
2023

A Saga da FEB: Heróis Brasileiros na Segunda Guerra Mundial

Autor: Rodrigo Silveira Garcia

Agradecimentos:
Primeiramente agradeço a Deus por me conceder inspiração, inteligência e persistência, depois a minha família que sempre apoiam meus projetos.

Bagé – RS
2023

CANÇÃO DO EXPEDICIONÁRIO

Letra: Guilherme de Almeida
Música: Spartaco Rossi

Você sabe de onde eu venho?
Venho do morro, do engenho
Das selvas, dos cafezais
Da boa terra do coco
Da choupana onde um é pouco
Dois é bom, três é demais

Venho das praias sedosas
Das montanhas alterosas
Dos pampas, do seringal
Das margens crespas dos rios
Dos verdes mares bravios
Da minha terra natal

Por mais terras que eu percorra
Não permita Deus que eu morra
Sem que volte para lá
Sem que leve por divisa
Esse V que simboliza
A vitória que virá

Nossa vitória final
Que é a mira do meu fuzil
A ração do meu bornal
A água do meu cantil
As asas do meu ideal
A glória do meu Brasil

Eu venho da minha terra
Da casa branca da serra
E do luar do meu sertão
Venho da minha Maria
Cujo nome principia
Na palma de minha mão
Braços mornos de Moema
Lábios de mel de Iracema

Estendidos pra mim
Ó minha terra querida
Da Senhora Aparecida
E do Senhor do Bonfim

Por mais terras que eu percorra
Não permita Deus que eu morra
Sem que volte para lá
Sem que leve por divisa
Esse V que simboliza
A vitória que virá
Nossa vitória final
Que é a mira do meu fuzil
A ração do meu bornal
A água do meu cantil
As asas do meu ideal
A glória do meu Brasil

Você sabe de onde eu venho?
É de uma Pátria que eu tenho
No bojo do meu violão
Que de viver em meu peito
Foi até tomando jeito
De um enorme coração
Deixei lá atrás meu terreno
Meu limão, meu limoeiro

Meu pé de jacarandá
Minha casa pequenina
Lá no alto da colina
Onde canta o sabiá

Por mais terras que eu percorra
Não permita Deus que eu morra
Sem que volte para lá
Sem que leve por divisa
Esse V que simboliza
A vitória que virá

Nossa vitória final
Que é a mira do meu fuzil
A ração do meu bornal
A água do meu cantil
As asas do meu ideal
A glória do meu Brasil

Venho do além desse monte
Que ainda azula no horizonte
Onde o nosso amor nasceu
Do rancho que tinha ao lado
Um coqueiro que, coitado
De saudade já morreu
Venho do verde mais belo
Do mais dourado amarelo
Do azul mais cheio de luz
Cheio de estrelas prateadas
Que se ajoelham deslumbradas
Fazendo o sinal da cruz

Por mais terras que eu percorra
Não permita Deus que eu morra
Sem que volte para lá
Sem que leve por divisa
Esse V que simboliza
A vitória que virá
Nossa vitória final
Que é a mira do meu fuzil
A ração do meu bornal
A água do meu cantil
As asas do meu ideal
A glória do meu Brasil

A Saga da FEB: Heróis Brasileiros na Segunda Guerra Mundial

Capítulo 1: Introdução

A Segunda Guerra Mundial foi um dos conflitos mais devastadores da história, ocorrido entre os anos de 1939 e 1945. Iniciou-se quando a Alemanha nazista, liderada por Adolf Hitler, invadiu a Polônia em setembro de 1939, levando a uma série de eventos que resultaram em um conflito global. As principais potências envolvidas foram as Aliadas (lideradas por países como Reino Unido, Estados Unidos e União Soviética) e o Eixo (formado por Alemanha, Itália e Japão, entre outros países).

Inicialmente neutro, o Brasil acompanhou de perto o desenrolar da guerra e, à medida que os acontecimentos se intensificavam, o governo brasileiro percebeu a importância de se posicionar e contribuir para o esforço de guerra dos Aliados. Embora distante dos principais palcos de batalha, o Brasil não ficou imune às consequências do conflito e viu suas embarcações mercantes serem alvo de ataques de submarinos alemães no Atlântico.

Em 1942, em resposta a esses ataques e influenciado pelo afundamento de navios brasileiros, o governo brasileiro rompeu relações diplomáticas com as potências do Eixo e declarou guerra à Alemanha e à Itália em agosto daquele ano. Essa decisão marcou a entrada do Brasil na Segunda Guerra Mundial, tornando-se o único país da América do Sul a enviar tropas para combater diretamente no conflito.

A participação do Brasil na guerra foi marcada pela criação da Força Expedicionária Brasileira (FEB), composta por soldados voluntários. Essa força militar foi enviada à Europa, mais especificamente para a Itália, onde se juntou aos esforços dos Aliados na luta contra as forças do Eixo. A FEB desempenhou um papel importante em diversas batalhas, mostrando coragem e determinação.

Ao contextualizar o início da Segunda Guerra Mundial e a entrada do Brasil no conflito, é fundamental apresentar ao leitor o panorama global do conflito, destacando os motivos que levaram o Brasil a tomar uma posição ativa e enviar tropas para lutar pela liberdade e pela paz.

A Segunda Guerra Mundial foi um conflito global que abalou o mundo nas décadas de 1930 e 1940. Inicialmente neutro, o Brasil acompanhava os eventos que se desenrolavam no cenário internacional, preocupado com os impactos da guerra na economia e na segurança do país. No entanto, à medida que os horrores da guerra se intensificavam e as ameaças se aproximavam, o Brasil tomou a decisão de se juntar aos Aliados na luta contra as forças do Eixo.

Em julho de 1944, o Brasil enviou uma força expedicionária para combater na Europa, criando assim a Força Expedicionária Brasileira, a FEB. A formação da FEB foi um marco histórico para o Brasil, representando o compromisso do país em apoiar a causa da liberdade e da democracia, além de solidificar sua posição no cenário internacional.

A decisão de enviar tropas para lutar ao lado dos Aliados foi motivada por vários fatores. Primeiramente, o Brasil sofreu ataques alemães no Oceano Atlântico, resultando em perdas significativas de navios e vidas brasileiras. Esse fato despertou a indignação e a determinação do governo brasileiro em enfrentar diretamente as forças do Eixo.

Além disso, havia uma clara compreensão de que a vitória dos Aliados era crucial para a preservação dos valores democráticos e dos princípios de liberdade em todo o mundo. O governo brasileiro reconheceu que sua participação ativa na guerra era essencial para garantir a segurança e a soberania do país, bem como para demonstrar sua solidariedade com as nações aliadas.

A formação da FEB envolveu um esforço conjunto do governo brasileiro, das Forças Armadas e do povo brasileiro. Milhares de jovens brasileiros se voluntariaram para lutar na Europa, demonstrando coragem e patriotismo. O treinamento militar foi intensificado, e os soldados da FEB passaram por preparação rigorosa para enfrentar os desafios da guerra.

A decisão do Brasil em enviar tropas para lutar ao lado dos Aliados foi um ato corajoso e determinado, representando a solidariedade do país com a causa da liberdade e da justiça. A formação da FEB marcou um capítulo importante na história do Brasil e reafirmou seu papel como nação comprometida com a paz e a democracia.

Capítulo 2: Preparação e Treinamento

A formação da Força Expedicionária Brasileira (FEB) exigiu um cuidadoso processo de seleção dos soldados e um intenso treinamento para prepará-los para as adversidades da guerra. Vamos explorar como ocorreu esse processo:

Recrutamento e Seleção:
O recrutamento para a FEB foi aberto a voluntários, e milhares de brasileiros se apresentaram para o serviço. Homens jovens, com idades entre 18 e 25 anos, foram selecionados após passarem por exames médicos e testes físicos para verificar sua aptidão e saúde. A preferência era dada aos soldados que já tivessem alguma experiência militar.

Treinamento Básico:
Após a seleção, os soldados da FEB passaram por um rigoroso treinamento básico. Esse treinamento incluía instruções de marcha, manejo de armas de fogo, técnicas de combate, sobrevivência, primeiros socorros e orientação no campo de batalha. Os soldados aprenderam a trabalhar em equipe e a desenvolver disciplina e resistência física e mental.

Treinamento na Vila Militar RJ

Na Vila Militar, militares fazendo fila na linha de servir

Militares doando sangue para o banco de sangue

Treinamento Especializado:

Após o treinamento básico, os soldados eram direcionados para especializações de acordo com suas habilidades e aptidões.

Alguns foram treinados como atiradores de elite, operadores de armas pesadas, médicos, engenheiros de combate, operadores de comunicações e motoristas, entre outras funções necessárias para o funcionamento eficiente da FEB.

Simulações e Exercícios Práticos:

Os soldados da FEB participaram de simulações de combate e exercícios práticos para desenvolver suas habilidades táticas e estratégicas. Essas atividades incluíam práticas de tiro, manobras de infiltração, ataques e defesas em campo aberto e em terrenos variados. O objetivo era familiarizá-los com as situações reais de combate que poderiam enfrentar na guerra.

Artilharia Divisionária treinando no campo de instrução de Gericinó

Treinamento de Progressão no terreno

Treinamento de tiro embarcado

Treinamento Internacional:

Para complementar o treinamento, a FEB recebeu apoio e instrução de aliados estrangeiros, especialmente dos Estados Unidos. Soldados brasileiros foram enviados para treinamentos conjuntos com as tropas americanas e tiveram a oportunidade de aprender técnicas e táticas avançadas utilizadas pelos Aliados.

Acampamento da FEB em Pisa - Itália

Preparação Psicológica:

Além do treinamento físico, a preparação psicológica dos soldados foi considerada fundamental. Eles receberam instrução sobre os desafios emocionais que poderiam enfrentar no campo de batalha, como o medo, o estresse e a saudade da família. Psicólogos e capelães auxiliaram os soldados a lidar com essas questões e a manter a motivação e a resiliência em momentos difíceis.

No dia 07 de maio de 1944 foi realizada a Páscoa dos Militares, no Campo de Santana com os militares da FEB, foram convidados várias autoridades civis e militares. O Dom André Cavalcanti foi designado para celebrar a missa.

Companhia do Regimento Sampaio realizando adestramento

O processo de seleção e treinamento da FEB visava preparar os soldados brasileiros para enfrentar os desafios da guerra. Através de um treinamento rigoroso, físico e mental, eles foram preparados para atuar em condições adversas, demonstrando coragem, disciplina e camaradagem. Esse processo de preparação foi fundamental para que a FEB se tornasse uma força militar respeitada e eficiente durante sua atuação na Segunda Guerra Mundial.

Em 24 de maio de 1944 a 1ª DIE desfilou na capital, Rio de Janeiro, as 13hs a tropa estava sendo pronta e foi apresentada ao Gen Mascarenhas as 13:40hs e a mesma foi apresentada ao Presidente da República as 14hs, assim estavam apresentados na seguinte estrutura: Banda de Música, Carro com o Comandante-chefe e do seu Estado-Maior, tendo a frente o Coronel Floriano de Lima Brayner, depois o Agrupamento 1 – formado pelo contingente do QG da 1ª DIE (oficiais e praças), batalhão de saúde e tropa especial do QG, comandada pelo Tenente-coronel Morais Ancora, já no Agrupamento 2 - Infantaria Divisionária sob comando do Gen Zenóbio da Costa (1º, 6º e 11º Regimento de Infantaria) e agrupamento de viaturas da infantaria divisionária. Agrupamento 3 – Artilharia Divisionária sob comando do Gen Cordeiro de Farias; Agrupamento 4 – Engenharia e tropa de reconhecimento, sob comando do Tenente-coronel Machado Lopes e Agrupamento 5 – 1º Escalão de Depósito da FEB sob comando do Coronel Luiz Batista.

Gen Eurico Gaspar Dutra,ministro da guerra, inspeccionando a Infantaria Divisionária

Da esquerda para a direita: Gen Zenóbio da Costa; Gen Mascarenhas de Moraes e Gen Cordeiro Farias

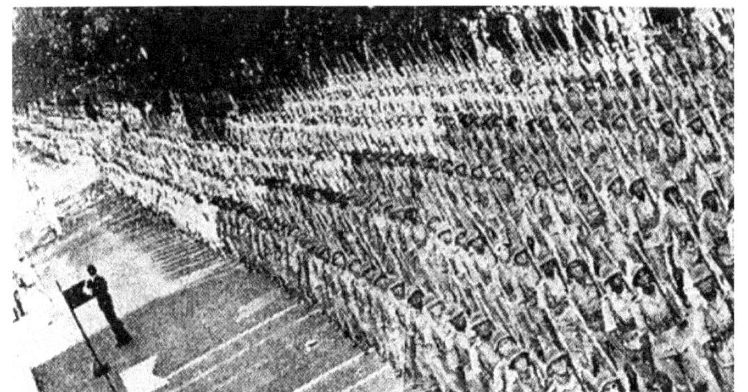

Formatura da FEB na Vila Militar

Desfile das Enfermeiras da FEB

Desfile da tropa da 1ª Divisão de Infantaria
Expedicionária

A participação na guerra reforçou a aproximação do Brasil com os Estados Unidos e possibilitou a modernização das Forças Armadas brasileiras.

Os soldados da Força Expedicionária Brasileira (FEB) enfrentaram diversos desafios ao se adaptarem aos rigores da guerra durante sua participação na Segunda Guerra Mundial. Vamos explorar alguns desses desafios:

Clima e Terreno Desconhecidos:
Ao chegarem à Itália, os soldados brasileiros encontraram um clima e um terreno muito diferentes dos do Brasil. Enfrentaram o rigoroso inverno europeu, com temperaturas baixas e neve, o que exigiu a adaptação a condições climáticas adversas. Além disso, o terreno montanhoso e acidentado da Itália apresentava novos desafios, exigindo que os soldados se ajustassem às condições geográficas para conduzir operações militares eficientes.

Barreira Idioma e Cultura:

Os soldados brasileiros enfrentaram a barreira do idioma e a diferença cultural ao interagirem com as tropas aliadas e com a população local na Itália. Com a diversidade de nacionalidades presentes nas tropas aliadas, era necessário superar as dificuldades de comunicação para coordenar as operações conjuntas e estabelecer relações de cooperação. Além disso, a cultura italiana era diferente da brasileira, o que exigia dos soldados a compreensão e o respeito às tradições e costumes locais.

Ajuste à Guerra de Trincheiras:

A FEB enfrentou a realidade das trincheiras, uma tática de guerra comum na frente italiana. Os soldados brasileiros tiveram que se adaptar a esse tipo de combate, onde enfrentaram longos períodos de espera, ataques de artilharia, bombardeios e o perigo constante de emboscadas e ataques surpresa. A guerra de trincheiras exigiu dos soldados paciência, resiliência e coragem para suportar as condições difíceis e manter a determinação.

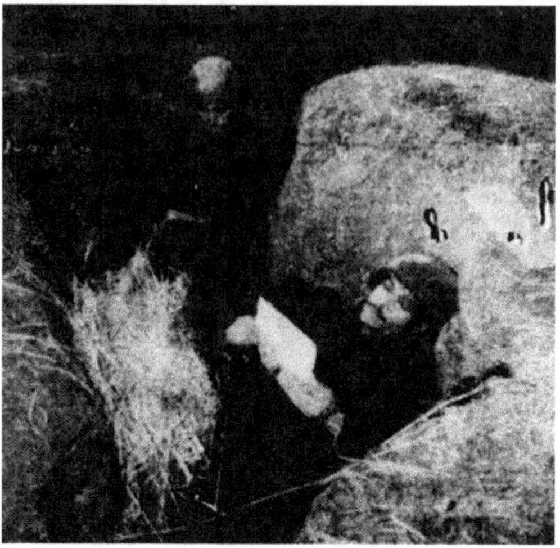

Suprimentos e Recursos Limitados:

Militar realizando o almoço no acampamento da FEB na Itália

Militar passando seu uniforme

Militares da FEB preparando a refeição

A FEB enfrentou desafios logísticos devido a limitações de suprimentos e recursos. O Brasil, como um país em desenvolvimento, enfrentava dificuldades para fornecer todas as necessidades das tropas no front. Isso resultou em escassez de alimentos, roupas adequadas, equipamentos e munições. Os soldados tiveram que se adaptar e lidar com recursos limitados, buscando soluções criativas para suprir suas necessidades básicas e cumprir suas missões.

A foto acima é de pilhas de farinha de trigo e de farinha de mandioca para os militares da FEB

Saúde e Condições Sanitárias:

As condições sanitárias precárias eram um desafio constante para os soldados da FEB. O acúmulo de tropas em áreas restritas e o contato próximo com outros soldados aumentavam o risco de doenças e infecções. A malária, em particular, foi uma ameaça significativa para os soldados brasileiros. Medidas de higiene e prevenção de doenças tiveram que ser adotadas para garantir a saúde e o bem-estar dos combatentes.

Apesar dos desafios enfrentados, os soldados brasileiros demonstraram resiliência, coragem e adaptabilidade ao se ajustarem aos rigores da guerra. Com determinação e espírito de camaradagem, eles superaram essas adversidades e se tornaram uma força respeitada pelos Aliados e admirada pela população italiana. A adaptação aos desafios da guerra foi fundamental para o desempenho heroico da FEB na frente italiana.

Capítulo 3: A Jornada até a Itália

A viagem dos soldados da Força Expedicionária Brasileira (FEB) até a Itália foi uma jornada cheia de expectativas, incertezas e temores. Vamos explorar como foi essa experiência:

Cronologia dos fatos até o batismo de fogo:

O Primeiro contingente enviado para a Itália, embarcou no período de 20 a 30 de junho de 1944, no navio de transporte Gen Mann.

Em 16 de julho desembarcavam em Bagnoli (Nápoles), já o pavilhão nacional foi hasteado pela primeira vez em solo europeu no dia 19 de Julho de 1944.

Em 5 de agosto de 1944 a FEB era incorporada ao V Exército Americano.

Em 26 de agosto de 1944 foram realizados estágios de adaptação junto da 88° DI, terminando em 04 de Setembro de 1944.

Em 08 de Setembro de 1944 a 1ª Cia de engenharia entrava em ação, fazendo parte do IV Corpo.

No dia 15 de setembro de 1944 o destacamento FEB substituía os americanos da Taks Force 45 e a 1ª Divisão Blindada.

Após essa data se dá o batismo de fogo, dia 16 de setembro de 1944.

Mobilização e Embarque:

Após o treinamento e a preparação, os soldados da FEB foram mobilizados para a viagem à Europa. Eles se despediram de suas famílias e embarcaram em navios de transporte militar rumo ao continente europeu. A despedida foi marcada por emoções mistas, com um misto de patriotismo e ansiedade em relação ao desconhecido que aguardava.

Embarque da tropa

Desembarque de Militares Brasileiros em Nápoles

Expectativas e Idealização da Missão:
Durante a viagem, os soldados nutriam expectativas em relação à sua participação na guerra.

Acreditavam partir para lutar pela liberdade e pela justiça, em defesa do Brasil e dos valores democráticos. Sentiam-se motivados e inspirados pelo idealismo e pelo desejo de contribuir para a vitória dos Aliados.

Militares da FEB na Itália comemorando 2º aniversário da
Declaração de Guerra do Brasil contra as forças do eixo

Na foto acima demonstra o entusiasmo, a descontração, a fé no cumprimento da missão que nossos soldados tinham, escreveram no cartaz: "Hitler aqui já estamos!"

Incertezas e Medo do Desconhecido:
No entanto, a viagem também era permeada por incertezas e temores. Os soldados enfrentavam o medo do desconhecido, pois muitos deles nunca haviam deixado o Brasil ou vivido experiências tão desafiadoras. A incerteza sobre o que encontrariam na Itália e como seriam recebidos pelos aliados, pelo clima e pela população local aumentava a apreensão.

Longa Duração da Viagem:
A viagem até a Itália era longa e cansativa. Levava semanas para atravessar o Oceano Atlântico, e a maior parte do tempo os soldados passavam confinados nos navios, enfrentando o enjoo do mar, as condições apertadas e a rotina monótona a bordo. A espera prolongada aumentava a ansiedade e a impaciência dos soldados, que ansiavam pelo momento de desembarcar e entrar em ação.

Camaradagem e União:

Apesar das dificuldades e incertezas, os soldados buscavam conforto e apoio uns nos outros. A camaradagem e a união se fortaleciam durante a viagem, com os soldados compartilhando histórias, apoiando-se mutuamente e encontrando forças nos laços de amizade e companheirismo que se desenvolviam entre eles.

Os Pracinhas

Enquanto os soldados da FEB navegavam em direção à Itália, carregavam consigo a esperança de cumprir sua missão com sucesso, mas também carregavam os receios e os anseios naturais de quem se aventura em terras desconhecidas e enfrenta os horrores da guerra. A viagem até a Itália marcou o início de sua jornada, que testaria sua coragem, determinação e compromisso com a causa pela qual estavam dispostos a arriscar suas vidas.

Peça de artilharia em posição

Construção de ponte na Itália, para facilitar o acesso do V Exército

Força Aérea Brasileira (FAB)

A Força Aérea Brasileira (FAB) teve uma participação significativa na Força Expedicionária Brasileira (FEB) durante a Segunda Guerra Mundial. Embora a FAB não tenha enviado uma unidade aérea própria para atuar diretamente no teatro de operações europeu, ela desempenhou funções importantes de apoio logístico e transporte aéreo para a FEB.

Distintivo da FAB

A FAB foi responsável por realizar o transporte aéreo das tropas brasileiras até o teatro de operações na Itália. Foram utilizadas aeronaves de transporte da época, como os aviões C-47 Dakota, para transportar os soldados, equipamentos e suprimentos da FEB. A FAB também realizou voos de evacuação médica para trazer de volta ao Brasil os militares feridos em combate.

Além disso, a FAB participou de missões de apoio logístico, fornecendo suporte aéreo à FEB. Isso incluiu o transporte de suprimentos, munições e outros materiais essenciais para as operações da FEB. A FAB também realizou missões de reconhecimento aéreo, fornecendo informações estratégicas às tropas terrestres da FEB.

Embora a participação direta da FAB na linha de frente tenha sido limitada, seu apoio logístico e transporte aéreo foram fundamentais para o funcionamento e sustentação das operações da FEB na Itália. A FAB desempenhou um papel essencial ao garantir o transporte seguro e eficiente das tropas e suprimentos, contribuindo para o sucesso da participação brasileira na Segunda Guerra Mundial.

A FAB treinou no Panamá e nos Estados Unidos, ficando totalmente pronta a partir de 14 de outubro de 1944.

A FAB teve papel fundamental em todas as batalhas, mas se destacou na tomada de Monte Castelo, bombardeando as defesas alemãs.

P-47

Marinha do Brasil (MB)

A participação da Marinha brasileira no transporte das tropas da Força Expedicionária Brasileira (FEB) desempenhou um papel fundamental na jornada dos soldados rumo à Itália. Vamos destacar essa importante contribuição:

Escolta dos Navios:
A Marinha brasileira desempenhou o papel crucial de escoltar e proteger os navios que transportavam os soldados da FEB. Os navios mercantes, convertidos em navios de transporte militar, estavam expostos a ataques de submarinos alemães no Oceano Atlântico. A Marinha brasileira organizou e executou operações de escolta para garantir a segurança dessas embarcações, diminuindo o risco de ataques e assegurando a chegada dos soldados ao destino.

Apoio Logístico:
Além da escolta, a Marinha brasileira desempenhou um papel essencial no apoio logístico durante a viagem. Ela providenciou o abastecimento de alimentos, água, combustível e outros suprimentos necessários para a travessia dos soldados e sua estadia nos navios. Esse suporte logístico era fundamental para garantir a saúde, o conforto e a prontidão dos soldados durante a longa jornada até a Itália.

Translado Eficiente das Tropas:
A Marinha brasileira coordenou o translado das tropas da FEB de forma eficiente e estratégica. A logística envolvida na movimentação de milhares de soldados exigia um planejamento cuidadoso e uma coordenação precisa. Os navios da Marinha foram essenciais para acomodar e transportar os soldados, proporcionando uma viagem segura e relativamente confortável dentro das limitações da guerra.

Intercâmbio de Conhecimentos com Aliados:

Durante a viagem, a Marinha brasileira teve a oportunidade de realizar intercâmbio de conhecimentos com as marinhas aliadas presentes na região. Esse intercâmbio permitiu aos marinheiros brasileiros adquirir experiências e técnicas utilizadas pelas forças navais dos Aliados, contribuindo para o aprimoramento das capacidades da Marinha brasileira.

A participação da Marinha brasileira no transporte das tropas da FEB demonstrou o compromisso do país em garantir a segurança e o sucesso da missão. A escolta dos navios, o apoio logístico e o traslado eficiente das tropas foram elementos-chave que permitiram aos soldados da FEB chegar à Itália prontos para enfrentar os desafios que os aguardavam. A colaboração com as marinhas aliadas também contribuiu para o fortalecimento das capacidades da Marinha brasileira, deixando um legado duradouro.

Encouraçado provê segurança ao porto de Salvador   Guerra anti-submarino no litoral brasileiro

Exército Brasileiro (EB)

A participação do Exército Brasileiro na Força Expedicionária Brasileira (FEB) refere-se diretamente à própria FEB como um todo, uma vez que a FEB foi constituída por tropas do Exército Brasileiro incluindo suas armas: infantaria, cavalaria, artilharia, engenharia e comunicações e seus quadros e serviços de apoio.

O Exército Brasileiro teve um papel fundamental na organização, treinamento e preparação das tropas que compuseram a FEB. O treinamento e a seleção dos soldados foram realizados pelo Exército, que estabeleceu critérios de aptidão física, disciplina e experiência militar para compor as unidades da FEB.

O Exército Brasileiro também foi responsável por prover o apoio logístico necessário para a FEB, incluindo o suprimento de armamentos, munições, equipamentos e demais recursos essenciais para as operações militares. Além disso, o Exército coordenou a logística de transporte e o embarque das tropas para o teatro de operações europeu.

Durante o período de combate na Itália, o Exército Brasileiro, por meio da FEB, participou de diversas batalhas cruciais, como Monte Castello, Monte Belvedere e Montese. As unidades de infantaria do Exército estiveram envolvidas em combates diretos, enquanto as unidades de artilharia e engenharia forneceram suporte de fogo e apoio logístico, respectivamente.

Portanto, a participação do Exército Brasileiro na FEB envolveu desde a seleção e treinamento das tropas até o fornecimento de suporte logístico e participação direta nas operações de combate, desempenhando um papel central na atuação da FEB durante a Segunda Guerra Mundial.

Soldados brasileiros almoçando em cima de um M8
Greyhound.

Artilharia Brasileira

Fotos acima da arma de Engenharia Brasileira na FEB

Cavalaria na FEB

Infantaria na FEB

Comunicações na FEB

Estrutura e organização da FEB:

Composição	25.334 homens
Estado-Maior	3 oficiais
Divisão de Infantaria	2 brigadas, 6 regimentos e 1 Batalhão de Caçadores
Serviço de Saúde	1 hospital com 400 leitos, 1 Base Geral de Saúde e 1 Base Médica

Ao todo, aproximadamente 465 militares da Força Expedicionária Brasileira (FEB) perderam suas vidas durante a Segunda Guerra Mundial. Essas baixas incluem tanto soldados mortos em combate como também aqueles que faleceram devido a doenças, ferimentos ou acidentes ocorridos durante o período de serviço na FEB. É importante ressaltar que esse número engloba apenas os militares da FEB, não incluindo os civis que foram vítimas do conflito. A coragem e o sacrifício desses militares são lembrados até hoje como um exemplo de bravura e dedicação em defesa da liberdade e dos ideais democráticos.

Durante a participação da Força Expedicionária Brasileira (FEB) na Segunda Guerra Mundial, várias organizações militares brasileiras compuseram a FEB. A seguir estão algumas das principais organizações militares que integraram a FEB:

1ª Divisão de Infantaria Expedicionária (1ª DIE): A 1ª DIE foi a principal unidade de combate da FEB e englobava diversas organizações militares. Ela era composta por regimentos de infantaria, batalhões de artilharia, batalhões de engenharia, unidades de apoio logístico e serviços, entre outros.

A 1ª Divisão de Infantaria Expedicionária (1ª DIE) foi a principal unidade de combate da Força Expedicionária Brasileira (FEB) durante a Segunda Guerra Mundial. Era composta por diferentes organizações militares e desempenhou um papel crucial nas operações da FEB na Itália. Aqui está uma descrição detalhada da 1ª DIE:

Composição: A 1ª DIE era composta por regimentos de infantaria, batalhões de artilharia, batalhões de engenharia, unidades de apoio logístico e serviços, entre outros elementos. As principais unidades incluíam o 6º Regimento de Infantaria (Regimento Ipiranga), o 11º Regimento de Infantaria (Regimento Tiradentes), o 1º Batalhão de Artilharia Divisionária Expedicionário (1º BADEx), o 2º Batalhão de Artilharia Divisionária Expedicionário (2º BADEx), o 1º Batalhão de Engenharia (1º BE) e o 9º Batalhão de Engenharia Expedicionário (9º BE).

Missões: A 1ª DIE tinha como missão principal participar de operações ofensivas, defender posições e contribuir para as ações ofensivas dos Aliados na Itália. Isso envolvia combates diretos, avanços em terrenos difíceis e participação em batalhas cruciais, como Monte Castello, Monte Belvedere e Montese.

Coordenação: A 1ª DIE operava sob o comando do general de divisão João Batista Mascarenhas de Morais, que também era o comandante da FEB como um todo. O Estado-Maior da divisão era responsável pela coordenação das operações, planejamento tático, inteligência e logística.

Suporte: A 1ª DIE recebia apoio logístico e de serviços de unidades especializadas, como companhias de suprimento, unidades médicas, unidades de transporte e comunicações. Essas unidades garantiam a alimentação, o suprimento de munições e equipamentos, os cuidados médicos e o transporte necessário para a operação eficaz da divisão.

Desempenho: A 1ª DIE demonstrou bravura e determinação em combate, superando obstáculos e enfrentando condições adversas. Seus soldados se destacaram em várias batalhas, ganhando reconhecimento pelas conquistas e pelos atos de coragem em combate.

A 1ª Divisão de Infantaria Expedicionária foi a espinha dorsal da FEB na Itália, comandando e liderando as operações da tropa brasileira. Composta por unidades de infantaria, artilharia, engenharia e apoio, a 1ª DIE desempenhou um papel fundamental para o sucesso da FEB e a contribuição do Brasil no esforço de guerra dos Aliados na Segunda Guerra Mundial.

Regimentos de Infantaria: Os regimentos de infantaria eram as unidades básicas de combate da FEB. Os principais regimentos de infantaria que compuseram a FEB foram o 6º Regimento de Infantaria (Regimento Ipiranga), o 11º Regimento de Infantaria (Regimento Tiradentes) e o 1º Regimento de Infantaria (Regimento Sampaio).

Na Força Expedicionária Brasileira (FEB), três regimentos de infantaria foram destacados e tiveram participação significativa nas operações de combate na Itália. Aqui está uma descrição detalhada desses regimentos:

<u>6° Regimento de Infantaria (Regimento Ipiranga):</u>

O 6° Regimento de Infantaria, também conhecido como Regimento Ipiranga, foi um dos regimentos de infantaria da FEB. Ele teve um papel proeminente na participação brasileira na Segunda Guerra Mundial. O regimento foi formado principalmente por soldados do estado de São Paulo.

O Regimento Ipiranga participou de batalhas importantes, como a Batalha de Monte Castello, onde enfrentaram fortes defesas alemãs. Posteriormente, foram engajados na Batalha de Montese, onde desempenharam um papel fundamental na captura da cidade. A bravura e a determinação demonstradas pelo Regimento Ipiranga lhe renderam reconhecimento e honrarias.

Militares do 6° RI

Militares do 6º RI

11º Regimento de Infantaria (Regimento Tiradentes):

O 11º Regimento de Infantaria, conhecido como Regimento Tiradentes, também teve uma participação destacada na FEB. O regimento foi formado principalmente por soldados do estado de Minas Gerais.

O Regimento Tiradentes esteve envolvido em várias batalhas cruciais, como a Batalha de Monte Castello, onde enfrentaram condições adversas e combates intensos contra as forças alemãs. Sua atuação foi fundamental para o avanço das tropas brasileiras em direção à linha gótica.

Militares do 11.º RI em uma trincheira

Militares do 11.º RI

1º Regimento de Infantaria (Regimento Sampaio):

O 1º Regimento de Infantaria, também conhecido como Regimento Sampaio, foi outro regimento de infantaria da FEB com uma participação significativa na guerra. Foi designado para compor a 1ª DIE em 10 de fevereiro de 1944.

O Regimento Sampaio também participou de importantes batalhas, como a Batalha de Monte Castello e a Batalha de

Montese. Demonstraram coragem e resistência em enfrentar os obstáculos impostos pelas defesas alemãs, contribuindo para o avanço das tropas brasileiras.

Esses regimentos de infantaria, o 6º Regimento de Infantaria (Regimento Ipiranga), o 11º Regimento de Infantaria (Regimento Tiradentes) e o 1º Regimento de Infantaria (Regimento Sampaio), foram as unidades de combate de infantaria que compuseram a FEB e tiveram uma atuação notável durante a Segunda Guerra Mundial.

Militares do Regimento Sampaio

Batalhões de Artilharia: Os batalhões de artilharia forneciam apoio de fogo para as operações da FEB. Os principais batalhões de artilharia da FEB incluíam o 1º Batalhão de Artilharia Divisionária Expedicionário (1º BADEx) e o 2º Batalhão de Artilharia Divisionária Expedicionário (2º BADEx).

Na Força Expedicionária Brasileira (FEB), dois batalhões de artilharia foram destacados e tiveram participação importante nas operações de combate na Itália. Aqui está uma descrição detalhada desses batalhões:

<u>1º Batalhão de Artilharia Divisionária Expedicionário (1º BADEx)</u>:

O 1º Batalhão de Artilharia Divisionária Expedicionário, conhecido como 1º BADEx, foi uma unidade de artilharia da FEB. Sua principal missão era fornecer apoio de fogo às tropas da FEB durante as operações de combate. O batalhão era equipado com canhões de 105 mm.

O 1º BADEx participou de batalhas cruciais, como a Batalha de Monte Castello, onde suas peças de artilharia forneceram suporte direto às tropas de infantaria brasileiras. O batalhão operou em condições desafiadoras e desempenhou um papel fundamental no avanço das tropas brasileiras em direção à linha gótica.

<u>2º Batalhão de Artilharia Divisionária Expedicionário (2º BADEx):</u>

O 2º Batalhão de Artilharia Divisionária Expedicionário, conhecido como 2º BADEx, também foi uma unidade de artilharia da FEB. Assim como o 1º BADEx, sua principal função era fornecer apoio de fogo às tropas da FEB.

Equipado com canhões de 155 mm, o 2º BADEx participou de batalhas importantes, incluindo a Batalha de Monte Castello e a Batalha de Montese. Suas peças de artilharia forneceram suporte de fogo preciso e intenso, contribuindo para o sucesso das operações da FEB e ajudando a neutralizar as posições defensivas alemãs.

Tanto o 1º BADEx quanto o 2º BADEx desempenharam um papel essencial no apoio de fogo às tropas da FEB durante as batalhas na Itália. Sua precisão e potência de fogo foram cruciais para superar as defesas alemãs e avançar em direção aos objetivos estratégicos.

Batalhão de Engenharia: O batalhão de engenharia era responsável por construir e manter infraestruturas, desobstruir vias de comunicação e realizar outras tarefas relacionadas à engenharia de combate. O 9º Batalhão de Engenharia (9º BE) foi o principal batalhão de engenharia da FEB.

Na Força Expedicionária Brasileira (FEB), o 9º Batalhão de engenharia foi destacado e tive uma participação fundamental nas operações de combate na Itália. Aqui está uma descrição detalhada:

9º Batalhão de Engenharia (9º BE):
O 9º Batalhão de Engenharia (9º BE) foi uma unidade de engenharia da FEB. Sua principal missão era fornecer apoio de engenharia às tropas da FEB, desempenhando tarefas essenciais, como construção de pontes, desobstrução de vias de comunicação, preparação de posições defensivas e remoção de obstáculos.

Durante as operações na Itália, o 9º BE esteve envolvido em diversas tarefas de engenharia. Eles desempenharam um papel importante na construção de pontes para facilitar a mobilidade das tropas brasileiras, repararam estradas danificadas e removeram minas e obstáculos que dificultavam o avanço das tropas.

O 9º BE participou de várias operações de engenharia durante o conflito. Eles desempenharam um papel crucial na desobstrução de vias de comunicação, na preparação de posições defensivas e no apoio à construção e reparo de estruturas para as tropas brasileiras.

A vanguarda do 9º BE foi uma das primeiras tropas a encontrar o inimigo.

O batalhão de engenharia foi peças-chave na infraestrutura e no apoio logístico das tropas da FEB. Sua atuação foi essencial para garantir a mobilidade das tropas, facilitar o avanço e a comunicação e fornecer apoio nas operações de combate.

Unidades de Apoio Logístico e Serviços: Essas unidades eram responsáveis pelo suprimento de tropas, serviços de saúde, transporte, comunicações, entre outros aspectos logísticos e de suporte. Isso incluía unidades médicas, unidades de transporte motorizado, companhias de suprimento, entre outras.

A Força Expedicionária Brasileira (FEB) contava com várias unidades de apoio logístico e serviços que desempenharam um papel crucial no suporte às tropas durante as operações na Itália. Aqui está uma descrição detalhada dessas unidades:

Companhias de Suprimento:

As companhias de suprimento eram responsáveis por fornecer alimentos, equipamentos, munições e outros suprimentos necessários às tropas da FEB. Essas unidades eram fundamentais para garantir que as tropas tivessem o abastecimento adequado durante as operações. Elas trabalhavam em conjunto com os serviços de transporte para garantir a entrega eficiente dos suprimentos às linhas de frente.

Companhia de Suprimento da FEB:

A Companhia de Suprimento da FEB era responsável por fornecer alimentos, equipamentos, munições e outros suprimentos essenciais para as tropas. Ela desempenhou um papel crucial no abastecimento das unidades da FEB durante as operações na Itália.

Capitão do Serviço de Intendência tratando do abastecimento da FEB

Companhia de Suprimento do 6º Regimento de Infantaria:

O 6º Regimento de Infantaria da FEB contava com sua própria companhia de suprimento, responsável por fornecer suprimentos específicos para as necessidades do regimento. Essa companhia trabalhava em estreita colaboração com as outras unidades do regimento para garantir o abastecimento adequado das tropas.

<u>Companhia de Suprimento do 11º Regimento de Infantaria:</u>
O 11º Regimento de Infantaria da FEB também tinha sua própria companhia de suprimento, que se dedicava a fornecer os suprimentos necessários para as tropas do regimento. Essa companhia era responsável por garantir que as tropas estivessem devidamente abastecidas durante as operações de combate.

Unidades Médicas:
As unidades médicas eram responsáveis pelo atendimento médico e pelo cuidado dos soldados feridos em combate. Elas incluíam hospitais de campanha, equipes de primeiros socorros e enfermarias. As unidades médicas eram responsáveis por tratar os feridos, realizar cirurgias de emergência, fornecer cuidados médicos e realizar evacuações médicas para garantir o tratamento adequado aos soldados.

Durante a participação da Força Expedicionária Brasileira (FEB) na Segunda Guerra Mundial, várias unidades médicas foram destacadas para fornecer cuidados médicos e tratamento aos soldados brasileiros. Aqui estão algumas das principais unidades médicas que participaram da FEB:

<u>Hospital de Campanha da FEB:</u>
O Hospital de Campanha da FEB foi uma unidade médica móvel que acompanhou as tropas brasileiras durante as operações na Itália. Ele era responsável por fornecer tratamento médico imediato aos soldados feridos em combate. A unidade era composta por médicos, enfermeiros e técnicos de saúde, além de contar com equipamentos e suprimentos médicos necessários para realizar cirurgias e tratar ferimentos.

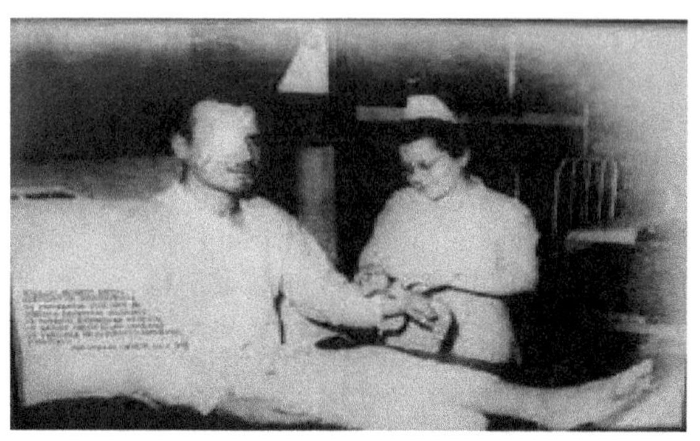

<u>Equipes de Primeiros Socorros:</u>

Diversas equipes de primeiros socorros foram destacadas para fornecer atendimento imediato aos soldados feridos em combate. Essas equipes eram formadas por médicos, enfermeiros e técnicos médicos e eram responsáveis por estabilizar os feridos no campo de batalha antes de encaminhá-los para unidades de tratamento mais avançadas.

Militares da Saúde

Postos de Socorro:

Os postos de socorro eram unidades médicas avançadas que forneciam tratamento emergencial e estabilização dos feridos antes de serem transferidos para hospitais de campanha ou unidades de tratamento mais especializadas. Esses postos eram geralmente localizados próximos às áreas de combate, permitindo um atendimento rápido aos feridos.

Enfermarias:

As enfermarias eram unidades médicas estacionárias que forneciam cuidados de longo prazo e tratamento aos soldados feridos. Elas ofereciam assistência médica e enfermagem aos soldados durante o processo de recuperação. As enfermarias contavam com equipe médica especializada, incluindo médicos, enfermeiros e outros profissionais de saúde.

Gen Mark cumprimentando um oficial médico da FEB

Essas são algumas das unidades médicas que participaram da FEB durante a Segunda Guerra Mundial. Cada uma delas desempenhou um papel fundamental no fornecimento de cuidados médicos, tratamento e apoio aos soldados brasileiros feridos em combate, garantindo que recebessem a assistência necessária para sua recuperação.

Unidades de Transporte:
As unidades de transporte eram responsáveis pelo transporte de tropas, equipamentos, suprimentos e munições. Elas utilizavam caminhões, veículos motorizados e outros meios de transporte para mover pessoal e carga ao longo das linhas de suprimento. Essas unidades garantiam que os recursos necessários chegassem às tropas da FEB de maneira oportuna e eficiente.

Durante a participação da Força Expedicionária Brasileira (FEB) na Segunda Guerra Mundial, diversas unidades de transporte foram destacadas para fornecer o transporte de tropas, suprimentos e equipamentos. Aqui estão algumas das principais unidades de transporte que participaram da FEB:

Batalhões de Transporte:

Os batalhões de transporte eram unidades responsáveis por fornecer o transporte motorizado para as tropas e suprimentos da FEB. Eles eram compostos por veículos motorizados, como caminhões e outros meios de transporte terrestre. Essas unidades garantiam o deslocamento eficiente das tropas e suprimentos ao longo das linhas de suprimento.

Companhias de Transporte:

As companhias de transporte também desempenharam um papel crucial no transporte de tropas e suprimentos da FEB. Eram unidades menores, geralmente especializadas em tipos específicos de transporte, como transporte de tropas, transporte de carga pesada ou transporte de suprimentos médicos. Essas companhias eram responsáveis por garantir que as tropas e suprimentos chegassem às áreas de destino de forma rápida e eficiente.

Os militares motoristas tinham a grandiosa missão de conduzir a tropa e o material nos diversos pontos do teatro de operações, sendo vital sua função, na qual foi alvo de elogios do Cmt Gen Mascarenhas de Moraes.

Motorista com seu Jeep em uma estrada italiana

<u>Esquadrões de Transporte Aéreo:</u>
Além das unidades terrestres, a FEB também contou com esquadrões de transporte aéreo para auxiliar no transporte de tropas e suprimentos. Esses esquadrões utilizavam aeronaves de transporte, como o C-47 Dakota, para realizar o transporte aéreo das tropas e suprimentos para o teatro de operações na Itália.

Essas unidades de transporte eram responsáveis por garantir a mobilidade das tropas, o abastecimento adequado de suprimentos e o transporte de equipamentos essenciais para as operações da FEB. Elas desempenharam um papel fundamental no apoio logístico e na sustentação das operações da FEB durante a Segunda Guerra Mundial.

Unidades de Comunicações:

As unidades de comunicações eram responsáveis pela instalação, manutenção e operação dos sistemas de comunicação, incluindo rádios e linhas telefônicas. Elas garantiam a conectividade entre as diferentes unidades da FEB, permitindo a transmissão de ordens, informações e solicitações de suporte.

Durante a participação da Força Expedicionária Brasileira (FEB) na Segunda Guerra Mundial, diversas unidades de comunicações foram destacadas para garantir a conectividade e a transmissão de informações entre as diferentes unidades da FEB. Aqui estão algumas das principais unidades de comunicações que participaram da FEB:

Companhias de Comunicações:

As companhias de comunicações eram unidades especializadas em estabelecer e manter os sistemas de comunicação da FEB. Elas eram responsáveis por operar e manter equipamentos de comunicação, como rádios, telefones e sistemas de transmissão de mensagens. Essas unidades garantiam a conectividade entre as diferentes unidades da FEB, permitindo a transmissão rápida e confiável de ordens e informações.

Destacamentos de Transmissão:

Os destacamentos de transmissão eram unidades menores, muitas vezes integradas às companhias de comunicações. Eles eram responsáveis por fornecer suporte de comunicação específico para determinadas unidades ou setores. Esses destacamentos eram encarregados de estabelecer e manter as linhas de comunicação dentro de suas áreas de responsabilidade.

<u>Postos de Rádio:</u>
Os postos de rádio eram unidades que operavam estações de rádio para facilitar a comunicação entre diferentes unidades da FEB. Esses postos eram responsáveis por transmitir e receber mensagens por meio de ondas de rádio, permitindo a comunicação em tempo real entre as unidades em diferentes localidades.

<u>Linhas de Comunicação:</u>
As linhas de comunicação eram as infraestruturas físicas utilizadas para transmitir mensagens e informações entre as unidades da FEB. Isso incluía linhas telefônicas, cabos de comunicação e outras formas de conexão física. As unidades de comunicações eram responsáveis por estabelecer, manter e reparar essas linhas de comunicação para garantir a continuidade das comunicações.

Essas unidades de comunicações desempenharam um papel fundamental na coordenação e na transmissão de informações entre as diferentes unidades da FEB durante as operações na Itália. Elas garantiram a conectividade, a rapidez e a segurança nas comunicações, permitindo que as ordens e as informações fossem transmitidas de forma eficiente para apoiar as operações militares.

Todas essas unidades de apoio logístico e serviços foram essenciais para o funcionamento e a eficácia das operações da FEB na Itália. Elas forneceram suporte vital às tropas, garantindo que elas estivessem bem abastecidas, cuidadas e conectadas durante as batalhas. O trabalho dessas unidades nos bastidores foi fundamental para o sucesso da participação brasileira na Segunda Guerra Mundial.

<u>Serviço Religioso</u>

O Serviço Religioso do Exército Brasileiro esteve presente no fronte de batalha nas campanhas da FEB. Os capelães militares acompanharam a tropa brasileiras no teatro de operações, fortalecendo o espírito religioso e alimentando a fé de nossos soldados, procurando levar palavras amigas nos momentos de crise e também levando os sacramentos da Igreja confortando-lhes a alma, auxiliando no bem-estar da tropa.

Os capelães também trabalhavam levando alento aos moribundos nos hospitais de campanha, levando-lhes uma palavra de consolo e procurando aumentar a fé cristã dos combatentes baixados.

Foto tirada no fronte de batalha após a realização de uma missa

Na páscoa de 1945, centenas de soldados brasileiros juntos com alguns militares dos exércitos aliados, foram até a Catedral de São Pedro em Roma, na Itália para assistir as festividades da Páscoa, foi a primeira vez que esse templo recebeu mais militares que civis.

No início a missão era composta de 20 capelães católicos e 02 capelães protestantes.

O Capelão Chefe da FEB era o Padre João Pheeney de Camargo e Silva, e integravam os seguintes capelães militares: Reverendo Juvenal Ernesto da Silva, Reverendo João Filson Soren; Padre Alberto da Costa Reis do estado de Alagoas, Padre Noé Pereira, Padre João Batista Cavalcante ambos do Rio de Janeiro, Monsenhor Pascoal Libreloto, Padre Jorge Ferreira de Brito, Padre Nicolau Vandelino Junges, Padre Nilo Kolet, Padre

Gregório Pelegrino Comassetto, Padre Jacob Emílio Schneider, Padre Urbano Rausch ambos do Rio Grande do Sul, Padre Aquiles Silvestre de São Paulo, Frei Orlando da Silva, Padre Olavo Ferreira de Araújo, Padre Francisco Eló de Oliveira, ambos de Minas Gerais, Padre Hipólito Almeida Pedroso, Padre João Barbalho Uchôa Cavalcanti Sobrinho ambos de Pernambuco, Padre D. Francisco Leite da Bahia, Frei Gil Maria do Espírito Santo, Frei Alfredo Setaro do Paraná.

Morreu no dia 20 de fevereiro de 1945, na Itália, o Capitão Capelão Frei Orlando (Antônio Alvares da Silva), com 32 anos de idade, filho de Itajiba Alvares da Silva e Jovita Aurélia da Silva, nascido na cidade de Abaeté/MG, em 13 de fevereiro de 1913. Sua morte aconteceu enquanto socorria um ferido na linha de frente. Frei Orlando estava ocupando claro no 11º Regimento de Infantaria, realizando a função de Capelão Militar dessa Organização Militar.

Como franciscano, Frei Orlando desempenhou atividades de Comissário da Ordem Terceira da Província Franciscana de Minas Gerais, ainda foi Docente das disciplinas de História e Português no Colégio Santo Antônio, na cidade de São João del Rey.

Após ser incorporado no Exército, o Capitão Frei Orlando, foi alvo de inúmeros elogios de seus subordinados, ele possuía um gênio alegre e comunicativo.

Após sua morte, o governo brasileiro instituiu Frei Orlando como patrono do Serviço de Assistência Religiosa do Exército Brasileiro

<u>Polícia Militar da FEB</u>

A polícia militar da FEB tinham por missão representar a autoridade do Comando. Também tinham a árdua missão de ficar nas estradas auxiliando os motoristas, fiscalizando o tráfego de viaturas e também era responsabilidade da Polícia Militar a guarda de prisioneiros.

Além dessas missões, também tinham a grande missão de alta responsabilidade na manutenção da ordem militar e civil dentro da Divisão, assim como em todos locais onde a tropa estacionava.

Policial Militar da FEB

A foto acima é de dois cabos, o da esquerda é o Cabo José Alves e o da direita é o Cabo João Queiroz Benites com três prisioneiros alemães capturados durante o avanço brasileiro. Os militares são da Polícia Militar da FEB.

Compreendendo da esquerda para a direita:

Uniforme com jaquetão forrado, gorro e luvas de lã, todas demais peças em lã;

O mesmo uniforme sem o jaquetão;

Outro uniforme com capa de brim (impermeabilizado), tendo junto o saco de roupa, todo de lona com fecho e cadeado;

Uniforme de Campanha com perneiras de lona, com bolsa de couro e porta mapas e mala de viagem em lona;

Uniforme de serviço para trabalhos de rotina; e

Uniforme de passeio e representações com luvas de couro castanho.

Compreendendo da esquerda para a direita:

Uniforme B2 para campanha, serviço e instrução, sendo composto de blusa de lã, calça de lã, capacete de lona, gorro de lã sem pala, perneiras de lona, borzeguins (é um sapato de cano médio, com cadarços) e cinto de lona;

Uniforme A para passeio, sendo composto de Túnica de brim, calça de brim, gorro de brim sem pala, cinto de couro castanho e borzeguins pretos;

Uniforme de Lã, B2 com blusão de lã;

Uniforme B2 com capote de brim (impermeabilizado);

Uniforme B1 para campanha, serviço e instrução sendo composto do mesmo tipo de peças de roupa do uniforme B2 apenas trocando o tecido para brim;

Uniforme para motociclista tipo A ou B1 e B2 acrescido de blusão de lã, capacete de motociclista, de lona, de óculos com armação de borracha;

Uniforme de praça especializada, composta de sunga de brim, gorro de brim sem pala e borzeguins pretos; e

Uniforme de ginástica e esporte, composto de calção de zuarte ou mescla azul, camiseta de algodão e tênis.

E aqui alguns equipamentos básicos dos militares:

As peças são: Divisas de Sargento e Cabo, Ceroulas, meias, luvas de lã, estojo individual contendo: Saboneteira, sabão, pasta de dentes, escova de dentes, pincel de barba, estoja de barba e pente, placas de identificação com um torçal de algodão munido de fio metálico, capacete de aço e fibra, cinto de lona, 4 cobertores, 1 travesseiro, toalhas e um saco de lona para as roupas.

A ração completa para um soldado do Exército Aliado para um dia de combate era composta de almoço, jantar e lanche. Vinham em pacotes impermeáveis, conforme foto abaixo, tendo os seguintes alimentos: dois blocos de trigo, dez biscoitos, um bloco de carne, uma caixinha de sal, um bloco de chá já preparado com leite e açúcar, dois tabletes de chocolate com passas, um tablete de chocolate vitaminado, duzentas e cinquenta gramas de carne, duas caixas de chiquete e quatro pedrinhas de açúcar.

Esses eram os kits recebidos pelas praças da FEB.

Para concluir esse assunto, além das unidades militares acima, várias outras unidades militares brasileiras contribuíram com efetivos para a FEB. Isso incluiu unidades de artilharia, engenharia, comunicações, suprimento e serviços médicos, entre outras. Essas unidades forneceram soldados, especialistas e apoio logístico para a FEB, junto a população civil brasileira que desempenharam um papel fundamental na participação brasileira na Segunda Guerra Mundial.

Capítulo 4: A Luta na Frente Italiana

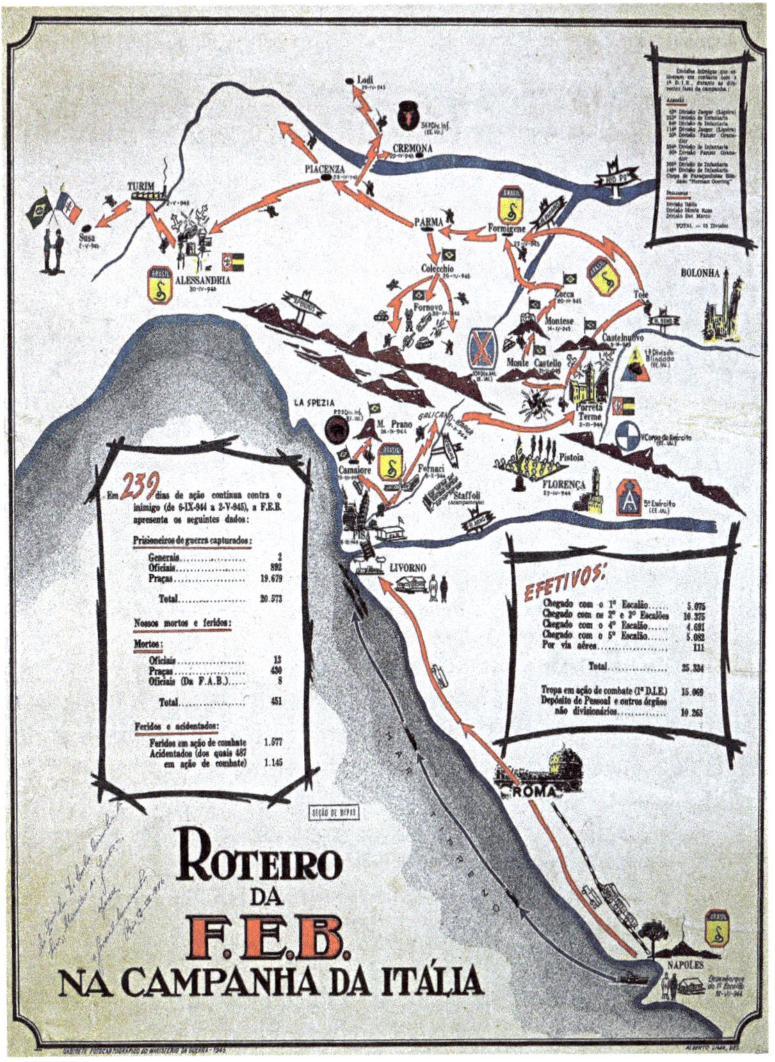

A Força Expedicionária Brasileira (FEB) esteve envolvida em diversas batalhas cruciais na frente italiana durante sua participação na Segunda Guerra Mundial. Vamos detalhar algumas dessas batalhas emblemáticas:

Mapa demonstrando a frente do V Exército, onde estava a 1ª DIE

Batalha de Massarosa

A Batalha de Massarosa foi a primeira batalha travada pela Força Expedicionária Brasileira (FEB) durante sua participação na Segunda Guerra Mundial, na campanha na Itália.

A Batalha de Massarosa ocorreu em 16 de setembro de 1944, durante a ofensiva inicial das forças aliadas para expulsar as tropas alemãs da Itália. Massarosa é uma cidade localizada na região da Toscana, no norte da Itália.

Antes do ataque, a 1ª Divisão de Infantaria Expedicionária (1ª DIE) da FEB realizou uma preparação cuidadosa. As tropas brasileiras estudaram as características do terreno, as defesas alemãs e planejaram suas táticas de ataque.

Em 15 de setembro de 1944, as tropas brasileiras lançaram um ataque contra as posições alemãs em Massarosa.

Após intensos combates, as tropas brasileiras conseguiram capturar Massarosa. Com coragem e determinação, elas superaram as defesas alemãs e assumiram o controle da cidade estratégica.

A captura de Massarosa permitiu que as tropas aliadas avançassem e continuassem a ofensiva em direção ao norte da Itália. As tropas brasileiras seguiram adiante, participando de outras batalhas tomando Monte Comunale e Il Monte, na sequência.

No dia 17 de setembro caíram sobre o domínio da 1ª DIE os maçiços de Ghilardona, Il Vecoli e C.S Lúcia todos na bacia do rio Serchio.

No dia 18 de setembro, foi a vez da cidade de Camaiore se render a força do soldado brasileiro

A Batalha de Massarosa foi mais um exemplo da coragem e do profissionalismo das tropas brasileiras durante sua participação na Segunda Guerra Mundial. Enfrentando uma resistência alemã determinada, as tropas da FEB superaram obstáculos significativos para avançar em direção aos objetivos estratégicos. A vitória em Massarosa contribuiu para o avanço das forças aliadas na Itália e destacou o valor e a eficácia das tropas brasileiras em combate.

Batalha de Monte Acuto

A Batalha de Monte Acuto ocorreu no período de 25 a 26 de setembro de 1944, após a tomada da cidade de Camaiore durante a ofensiva aliada para romper a Linha Gótica, uma posição defensiva alemã que atravessava a Itália central. Monte Acuto é uma elevação montanhosa localizada na região da Toscana, na Itália.

A conquista de Monte Acuto permitiu que as tropas aliadas avançassem e continuassem a ofensiva em direção à Linha Gótica e ao norte da Itália.

O monte Valimono também foi conquistado neste período.

Após essas conquistas, a FEB continuou o avanço e aproveitando a impulsão obtida nos ataques, tomamos no dia 26 de setembro, o monte Prano na qual os inimigos não obtiveram êxito frente aos nossos soldados extremamente dedicados e motivados.

Vale do Rio Serchio

Em 29 de setembro, a FEB atingiu a linha Stazzema-Fornolli, capturando com extrema vivacidade as cidades de Pescaglia e Borgo a Mozzano.

No vale do rio Serchio desenrolavam as principais operações da FEB no primeiro momento, onde os febianos honraram as tradições castrenses do Exército Brasileiro com ações marcantes e decisivas.

Em 05 de outubro de 1944 a FEB conquistou a cidade de Bolognana, no dia seguinte foi tomado a cidade de Coreglia Antelminelli e Fornacci. Na cidade de Fornacci havia a Fábrica de

Munições de Catarozzo importante ponto sensível pois fornecia munição aos inimigos.

No dia 7 de setembro as tropas brasileiras conquistaram as cidades de Galliano, Fabriche e Cardoso

Conquista de Barga

A conquista de Barga foi uma importante operação realizada pela Força Expedicionária Brasileira (FEB) durante sua participação na Segunda Guerra Mundial, na campanha na Itália.

A conquista de Barga ocorreu em 11 de outubro de 1944.

As tropas brasileiras empregaram táticas de avanço gradual, cobertura e flanqueamento para superar as defesas alemãs e progredir em direção a Barga.

Após intensos combates, as tropas brasileiras conseguiram capturar Barga. Com coragem e determinação, elas superaram as defesas alemãs e assumiram o controle da cidade estratégica.

Em 24 de outubro a cidade de Sommocolonia ser conquistada pela FEB, no dia seguinte a FEB ocupou a região de Trassilico e Verni.

No dia 26 foi conquistado o Monte Faeto, no dia 29 foi a vez da cidade de Calomini, em 30 foi conquistado as regiões de Lama di Sotto, Lama di Sopra, Pradoscello, Pian de los rios, Collo e San Quirico.

Já em 31 de outubro o inimigo contra-ataca e consegue recuperar algumas vantagens no terreno, principalmente a região de Pian de los rios.

Vale do Rio Reno

A partir do mês de novembro as ações da FEB se concentram no vale do rio Reno e a 1ª Divisão de Infantaria Expedicionária (DIE) fica unida e completa com a totalidade dos meios pessoais e materiais.

No período de 3 a 4 de novembro, o 2º Batalhão do 6º RI (Regimento Ipiranga) entrava em linha e ocupava as posições de Torre de Nerone;

Já no dia 4 de novembro o 3º Batalhão do regimento acima descrito, deslocava-se para a região de Marano e entrava em linha na região Affrico-Volpara.

No dia 08 de novembro o 1º Batalhão e um pelotão de reconhecimento, dessa forma agrupou-se as tropas da 1ª DIE, integrando o 6º RI (Força Gardner – tropa americana que tinha a sua disposição uma companhia do 13º Batalhão de tanques americanos), tropas que foram adidas ao Comando da 1ª DIE, junto com o esquadrão de reconhecimento, 9º BE.

Toda essa tropa estava atuando no setor Riola-Marano sob comando do Gen Cmt da 1ª DIE. O inimigo estava buscando infiltrar-se neste setor, tentando alcançar seus objetivos, através de ataques, obrigando a tropa brasileira a realizar uma operação defensiva agressiva repelindo com extremo êxito as investidas inimigas.

Em 16 de novembro, tropa do 6º RI conquistava e ocupava a região de Biscaccio, Il Sasso e Monte Cavalloro, estabelecendo uma importante ligação com a 6ª Divisão Sul Africana que ocupava a região de Lissano.

No dia 17, o inimigo tenta recuperar a região de Monte Cavalloro, sendo fortemente repelido.

No dia 20 e 21 o 1º Regimento de Infantaria (Regimento Sampaio) entra em ação na região de Rioja.

Tomada de Monte Castello:

A batalha pela tomada de Monte Castello, ocorrida entre 24 de novembro de 1944 até 21 de fevereiro de 1945, foi uma das primeiras grandes ações de combate da FEB. Esse monte, estrategicamente localizado na região de Apeninos, na região da Emília-Romanha, era uma posição fortificada fortemente defendida pelas tropas alemãs.

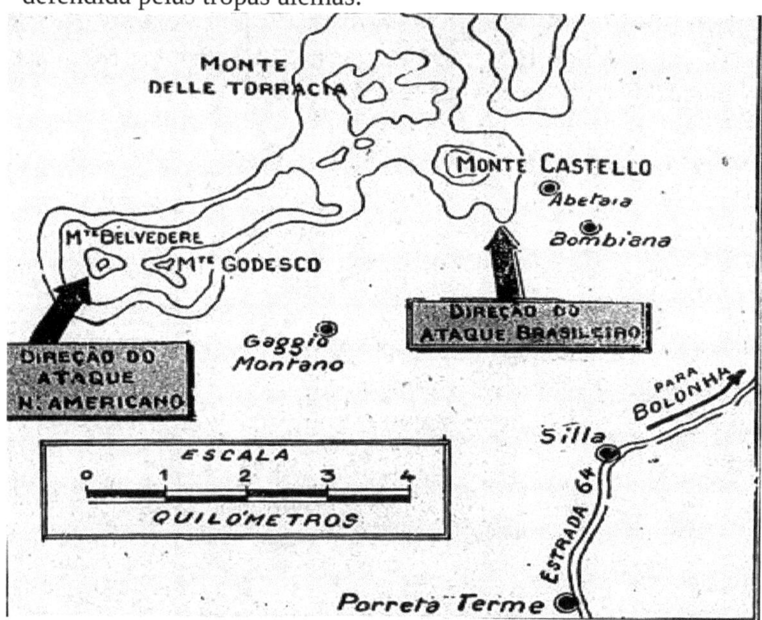

A FEB, em conjunto com outras forças aliadas, enfrentou um terreno íngreme, inverno rigoroso e ataques intensos para conquistar essa posição. Após intensos combates e ações táticas, as tropas brasileiras finalmente tomaram Monte Castello, marcando uma importante vitória para a FEB.

A Batalha de Monte Castello foi uma das mais importantes batalhas travadas pela Força Expedicionária Brasileira (FEB) durante sua participação na Segunda Guerra Mundial.

Os primeiros ataques brasileiros ocorreram em 24 de novembro de 1944, mas foram recebidos com forte resistência alemã, que estava em uma posição defensiva bem fortificada.

Os combates foram intensos, e as tropas brasileiras que estavam divididas, pois apenas o 6º Regimento de Infantaria estava em posição, as outras tropas estavam recebendo treinamento e armamento a retaguarda.

O restante da tropa estava em Monte Belvedere, onde ocorreu o ataque conjunto para obter o controle dos montes alpeninos que cortavam a Itália de Noroeste a Sudeste.

Atrás desses conjuntos de alpes, está uma planície, a planície do Rio Pó, os alemães sabiam que caso a linha Gótica fosse rompida, a tropa alemã não teria como segurar o avanço aliado e estes perderiam a Itália, assim sendo, a força alemã fundamentou grande poder de fogo na linha Gótica.

Dessa forma ocupar esses montes era de vital importância para que a tropa chegasse a cidade de Bologna que era a chave para entrada no Vale do Pó.

Para isso a tropa devia utilizar a estrada 64 que corre ao longo do rio Reno até Bologna.

No entanto, a poderosa artilharia alemã estava com total comandamento sobre toda rodovia, podendo alvejá-la em qualquer ponto.

A artilharia alemã recebia as informações dos observadores que estavam ao longo dos picos dos montes alpeninos (Castelo e Beldevere) impedindo o avanço dos aliados pela rodovia para que chegasse em Bologna.

Para obter sucesso, devia-se retirar todos alemães dos montes, capturando o conjunto de montanhas

O Monte Castelo era a formação mais adiantada do conjunto montanhês Belvedere-Della Torraccia, o que proporcionava aos alemães plena visão da estrada 64.

O Comando aliado decidiu que tomar Monte Castelo era prioridade, confiando essa missão a 1ª DIE.

O Gen Mascarenhas recebeu a ordem de ataque do Comandante do 4º Corpo do Exército, Gen Willys Crittenberger, determinando a eliminação dos alemães do Monte Castelo, tendo em vista a proximidade do inverno.

A 1ª DIE tinha uma linha de frente de mais de 15 km, pois havia substituído os soldados americanos, que se estendia das proximidades de Gaggio Montano até os arredores de Torre de Nerone.

O Gen Mascarenhas tinha apenas 1/3 da sua Divisão, apenas com o 6º Regimento de Infantaria que estava a quase dois meses de combate contínuo. O 1º RI e o 11º RI ainda estavam recebendo armamento e seu treinamento ainda não estava completo. Mascarenhas levou essa situação ao Comando Americano a inviabilidade de montar uma ofensiva nesta situação e ainda guarnecendo a extensa linha de frente descrita no paragrafo anterior.

A resposta do Gen Mark Clark, comandante do 5º Exército Americano, foi que toda a FEB fosse trazida imediatamente para a linha de frente, mesmo que sem treinamento completo.

Gen Mascarenhas não achou adequado, mas mandou realizar o deslocamento da tropa, militares do 1º RI e 11º RI, para a região de Borgo Capanne que ficava 3 km ao sul do Quartel-General em Porretta Terme.

Em 19 de novembro as tropas começavam a chegar em Borgo Capanne. O 1º Batalhão do 1º RI, o pelotão de reconhecimento e o 9º BE se tornaram elemento de reserva do 4º Corpo de Exército.

O General americano Willys Crittenberger estava ansioso para iniciar o ataque e não queria esperar a 1ª DIE ficar completa, tendo em vista que o deslocamento era demorado.

Então ele decidiu utilizar os elementos americanos da Força Tarefa 45, junto com o Batalhão do Maj Silvino (1º BI do 1º RI) acompanhado das outras tropas brasileiras que estavam na reserva do 4º Corpo de Exército. O Gen Paul Rutledge comandou a FT 45 e com o apoio do 13º Batalhão de Tanques Americanos e a artilharia do 4º Corpo de Exército, atacaram frontalmente o Monte Castelo no dia 24 de novembro de 1944, resultando em completo fracasso, porque os alemães viram a preparação do ataque e sua artilharia lançou seus tiros sobre a vanguarda da FT, impedindo qualquer avanço da tropa.

Artilharia Alemã

No dia 25 de novembro, o Gen Rutledge lançou duas frentes para dispersar a artilharia alemã, atacando Monte Castelo e Monte Belvedere.

O Monte Belvedere fica na extremidade oeste do conjunto montanhês, assim com a artilharia dividida, os alemães não conseguiram se defender, os cumes foram ocupados.

O problema é que quando a tropa foi dividida entre duas frentes, ela ficou mais fraca e em menor número, não conseguindo segurar o contra ataque. Os alemães sabiam que não podiam perder Monte Castelo e Monte Belvedere, então logo contra atacaram e expulsaram os brasileiros e americanos que haviam obtido êxito anteriormente.

Devido ao fracasso, o General americano Willys Crittenberger devolveu o comando das tropas brasileiras ao Gen Mascarenhas.

Em 26 de novembro de 1944 foi a primeira vez que Gen Mascarenhas obteve o comando completo da 1ª DIE na linha de frente dos aliados.

Crittenberger deu um prazo de três dias para que Gen Mascarenhas conquistasse Monte Castelo.

O Exército Alemão após levar um susto com a conquista dos picos pelos aliados, rapidamente aumentou o número de soldados, também aumentaram as defesas do terreno, com campo de minas, obstáculos, mais snipers e reforço nas casamatas, aumentando também as metralhadoras em linha.

Na noite de 28 de novembro os alemães atacaram o Monte Belvedere que ainda estava no controle dos americanos, expulsando-os de lá, recuperando toda a montanha.

O teatro de operações voltou a ser como estava antes de 24 de novembro, os montes estavam sob domínio alemão.

Na madrugada do dia 29 de novembro de 1944, mais precisamente as 04hs da manhã, as forças brasileiras começaram a partir para a ofensiva que seria iniciada às 06hs da manhã.

Devido as condições climáticas, o terreno estava enlameado e a progressão foi prejudicada, atrasando o ataque, que se desfez as 07hs da manhã.

O ataque iniciou com uma barragem de artilharia *(que consiste em um método de fogo em larga escala Estas peças são apontadas a determinados pontos - a cada 20 ou 30 jardas (18 a 27 metros), ao longo de uma ou mais linhas com várias centenas ou milhares de metros de comprimento. As linhas situam-se, habitualmente, a 90 metros de distância entre si, e o fogo é efetuado de uma linha para a outra. Os disparos são feitos numa*

*cadência contínua, com projéteis explosivos ou de estilhaços. O
seu objectivo principal é criar uma barreira entre o avanço da
infantaria e as linhas inimigas).*

Artilharia Brasileira

O avanço brasileiro se deu com os estreantes: o 1º Batalhão
do 1º Regimento, comandado pelo Maj Olivio Uzêda e o 3º
Batalhão do 11º Regimento, comandando pelo Maj Cândido da
Silva.

Os dois batalhões conseguiram progredir até as 12hs,
quando foram paralisados no terreno pelas armas alemãs, as
baixas aumentaram muito no nosso exército e os alemães fizeram
um contra ataque forçando o 1º Batalhão a recuar e dessa forma o
3º Batalhão se viu obrigado a recuar também, pois estava ficando
sozinho. A noite foi chegando e o Gen Mascarenhas deu a ordem
para os batalhões abandonarem o ataque.

Militar Alemão com sua metralhadora

Essa derrota se deu pelo planejamento apressado do comando do 4º Corpo de Exército e pelo pouco treinamento que os soldados dos batalhões tiveram, resultaram no indicador de mortos e feridos de 190 baixas ocorridas neste dia.

O Gen Mark Clark manteve-se insistente em capturar o Monte Castelo antes do inverno, e ordenou que o Gen Mascarenhas realizasse mais um ataque, dessa vez ele garantiu mais apoio no ataque, utilizando a artilharia do 4º Corpo.

Na noite de 02 para 03 de dezembro o 1º Batalhão do 11º RI foi enviado para guarnecer a linha de frente na cidade de Guanella de frente a Monte Castelo. Nessa noite os inexperientes soldados foram surpreendidos por uma patrulha reforçada com cerca de 40 soldados alemães, houve pânico e devido à inexperiência os soldados recuaram sobre ordem dos oficiais, mas fizeram de forma errada deixando para trás todo equipamento, esse episódio ficou conhecido como a Noite dos Laurindos, os alemães não tinham efetivo para guarnecer o local e o Gen Mascarenhas mandou rapidamente que o local fosse ocupado pelo 3º Batalhão do 6º RI.

No dia 12 de dezembro, dia previsto para o segundo ataque, amanheceu com muitas nuvens que escondiam o topo do Monte Castelo e com chuva, Gen Mascarenhas ordenou o ataque surpresa. A visibilidade era baixa menos de 50 metros, isso faria com que a mobilidade das tropas fosse adequada, uma vez que os inimigos não conseguiriam visualizar.

Mas o elemento surpresa foi perdido, quando uma barragem de fogos de artilharia americana caiu sobre o Monte Belvedere as 06hs da manhã, neste exato momento o 2º e 3º Batalhões do 1º RI foram descobertos na frente do Monte Castelo, os alemães reagiram abrindo fortes fogos contra os batalhões.

O 2º Batalhão ficou paralisado logo após sua saída, poucos metros da base, o Gen Zenóbio agiu rapidamente, ordenando o 3º Batalhão do 11º RI em apoio.

Após receber esse apoio, a tropa começou a deslocar-se lentamente, alguns pelotões ficaram parados devido aos fortes ataques de metralhadoras.

Militares da FEB paralisados pelo fogo inimigo

Devido ao caos provocado pelos alemães e ao mau tempo que dificultaram as comunicações, o ataque foi prejudicado, causando muitas baixas, inclusive de fogo amigo, como os blindados americanos.

A direita do ataque o 3º Batalhão do 1º Regimento de Infantaria, comandado pelo Maj Franklin Rodrigues conseguiu progredir morro acima, mesmo sob fogo intenso dos alemães e nas primeiras horas da tarde suas vanguardas (significa literalmente: guarda avançada) adentrar as zonas de neblina e de nuvens baixas que escondiam o cume do Monte Castelo.

Os militares demonstraram determinação e coragem porque diante deles, aquele cenário tenebroso, nossos soldados conseguiram chegar ao cume, mas foram alvejados pelos alemães.

Às 15hs com o anoitecer já se chegando, o Comando da 1ª DIE deu ordem de abandonar o Monte Castelo, retirando as tropas. Diante desse cenário, Gen Willys Crittenberger decidiu ordenar a paralisação de todas as atividades ofensivas do 4º Corpo de Exército durante todo o final de ano, colocando as tropas na linha defensiva.

O inverno chegou e trouxe temperaturas de negativos 20ºC, cobrindo de neve todos os montes alpinos. Para o soldado brasileiro era novidade, pois nunca antes tinham visto a neve. Os soldados se adaptaram a essa condição usando camuflagem branca provida pelos americanos. Tiveram que improvisar maneiras de manter-se aquecidos e secos.

Estrada coberta de neve

Os alemães continuavam a usar sua poderosa artilharia de grosso calibre, atirando contra as linhas defensivas de frente e também atirando no Quartel General em Porretta Terme.

Artilharia Alemã

Durante esse inverno a FEB ganhou valiosa experiência de combate, pois realizavam várias patrulhas, numa dessas ações um grupo de combate atravessava a terra de ninguém (local entre a linha de frente inimiga e a linha defensiva), sondando a linha inimiga, realizando reconhecimento e recolhendo prisioneiros para extrair informações.

Os meses de dezembro e janeiro foram transformadoras para a 1ª DIE, pois conseguiram aumentar sua integridade e experiência. Mudando completamente seu perfil antes e depois desses eventos parafraseados anteriormente.

Militares da FEB realizando patrulhas no inverno

Naquele inverno os soldados brasileiros começaram a usar a famosa insignia no braço esquerdo, que nos deixou mundialmente conhecidos, a cobra verde fumando um cachimbo com fundo amarelo com a palavra BRASIL.

O motivo da criação deste distintivo foi que existiam muitas pessoas que achavam que o Brasil não ia lutar na 2ª Guerra, dizendo que seria mais fácil, uma cobra fumar do que o Brasil participar da 2ª Guerra. Então foi criado o lema "A cobra está fumando!"

E também durante os combates mais ferrenhos, os soldados da FEB utilização a expressão "A cobra está fumando!", claro nada mais incomum é uma cobrar fumar. Essa expressão ganhou destaque internacional, todos os aliados conheciam essa expressão, até mesmo o Gen Clark utilizava essa expressão: "The snake is smoking!".

De fato, a originalidade e criatividade de nossos soldados são marcantes, tornando a FEB alvo de elogios de generais aliados.

Inicialmente o distintivo foi bordado na Itália. Foi a identidade da FEB.

O Comando do 5º Exército foi passado do Gen Mark Clark para o Gen Lucian Truscott.

Gen Truscott reavaliou os planos do 5º Exército e decidiu deslocar o eixo de ataque ofensivo para o setor do 4º Corpo, planejando atingir o Vale do Pó, através do Vale do Rio Panaro, muito menos engrene do que o Vale do Rio Reno, para chegar até Bologna.

Agora o 4º Corpo de Exército recebeu reforços com a 10ª Divisão de Montanha, unidade de elite americana, formada por alpinistas, para eliminar a artilharia alemã.

Militares americanos da 10ª Divisão de Montanha

Agora temos o Plano Encore que vislumbra a 10ª DM atacando o Monte Belvedere e o Monte Gorgolesco eliminando todo flanco ocidental, permitindo que a FEB atacasse o Monte Castelo, enquanto prosseguia para o Monte Della Torraccia.

O ataque americano iniciou em 19 de Fevereiro de 1945, com a 10ª DM, surpreendendo os alemães no Monte Belvedere, tomando aquela elevação e também o Monte Gorgolesco no mesmo dia, fazendo com que os alemães recuassem a leste.

Os Thunderbolts brasileiros decolaram em 20 de Fevereiro, atacando Monte Castelo destruindo fortificações e casamatas.

Thunderbolts da FAB

Oficiais da FAB planejando o ataque

E no amanhecer ensolarado do dia 21 de Fevereiro de 1945, foi realizado o ataque a Monte Castelo. O ataque principal do 1º RI prosseguiu conforme o planejado, coberto pelo bombardeio da Artilharia Divisionária. O 2º Batalhão do 11º RI realizou um ataque secundário, tomando e ocupando a cidade de Abetaia, tirando dos inimigos o controle da passagem entre as montanhas.

Agora mais 3 batalhões brasileiros subiam o monte, saturando a capacidade das defesas alemãs, que ainda estavam tentando defender o monte.

Muito diferente das tentativas anteriores, agora a superação do último terço da elevação foi feito em peso, com coordenação e ritmo e as 17:20hs a defesa alemã entrou em colapso, os soldados brasileiros ocuparam de forma vitoriosa o cume do Monte Castelo eliminando todos os inimigos e agora de forma permanente, pois as defesas e fortalezas inimigas foram eliminados.

Observador da FEB

Militares da FEB após a conquista de Monte Castelo

Gen Mark Clark e Gen Willys Crittenberger deram inúmeros elogios aos militares e em especial ao Gen Mascarenhas, dessa forma fica eliminada de vez toda dúvida que tinham dos nossos militares e do valor combativo da 1ª DIE.

A Batalha de Monte Castello resultou em uma vitória estratégica para a FEB. A conquista da posição permitiu que as tropas aliadas avançassem mais para o norte da Itália. No entanto, a batalha teve um alto custo humano para os brasileiros, com numerosas baixas em combate.

A participação da FEB na Batalha de Monte Castello foi um marco importante na história militar brasileira. Os soldados brasileiros enfrentaram desafios significativos, como o terreno montanhoso, o clima adverso e a determinada resistência alemã. Sua bravura e determinação em superar esses obstáculos e conquistar Monte Castello são lembradas como exemplos de heroísmo e sacrifício na defesa dos valores democráticos e da liberdade.

MACACA

Batalha de Monte Belvedere:

A Batalha de Monte Belvedere, ocorrida em conjunto com o ataque ao Monte Castelo, tendo em vista que faziam parte do mesmo conjunto montanhoso, ocorrendo no mesmo dia 24 de novembro de 1944, o cume dos Montes forma ocupados, causando uma enorme entusiasmo nos generais e na tropa.

Mas a alegria durou pouco, porque a realização de duas frentes (uma em Monte Castelo e outra em Monte Belvedere) deixou a tropa muito reduzida, fraca e sem aproximação entre elas, já os alemães responderam a perda do importante Monte Castelo e Monte Belvedere, com um imediato contra-ataque recuperando os montes

Monte Belvedere era uma posição estratégica, protegida por defesas alemãs bem fortificadas. A FEB, em conjunto com outras unidades aliadas, lançou uma ofensiva para conquistar essa posição-chave. As tropas brasileiras enfrentaram uma combinação de bombardeios, minas terrestres e trincheiras inimigas. Com coragem e determinação, os soldados brasileiros conseguiram avançar e tomar o Monte Belvedere, contribuindo para a progressão das forças aliadas na campanha italiana.

A Batalha de Monte Belvedere ocorreu como parte da ofensiva aliada para romper a Linha Gótica e avançar em direção ao norte da Itália. O Monte Belvedere era uma posição estratégica ocupada pelas tropas alemãs e oferecia uma visão panorâmica do terreno circundante.

Em 19 de fevereiro de 1945, realizando o plano Encore, as tropas da 10º Divisão de Montanha, tropa especializada americana, formada por alpinistas, lançaram um ataque coordenado contra as posições alemãs em Monte Belvedere. A ofensiva foi apoiada pelo bombardeio pesado de artilharia aliada, que visava neutralizar as defesas alemãs e destruir fortificações.

O terreno montanhoso e acidentado representou um desafio significativo para as tropas. Elas tiveram que escalar as encostas íngremes e rochosas do Monte Belvedere, enfrentando terreno escorregadio e obstáculos naturais. Além disso, as condições climáticas adversas, incluindo neve e temperaturas baixas, tornaram os avanços ainda mais difíceis.

A captura de Monte Belvedere pela 10ª DM, permitiu que as tropas aliadas avançassem e continuassem a ofensiva em direção ao norte da Itália. Também permitiu que as tropas brasileiras conseguissem conquistar o Monte Castelo.

Tomada de La Serra

A tomada de La Serra pela Força Expedicionária Brasileira (FEB) durante sua participação na Segunda Guerra Mundial, na campanha na Itália.

A tomada de La Serra ocorreu em 23 e 24 de fevereiro de 1945, com as tropas da 6ª Companhia do 2º Batalhão do 1º Regimento de Infantaria, durante a ofensiva final das forças aliadas para expulsar as tropas alemãs da Itália. La Serra é uma pequena localidade situada na região da Toscana, no norte da Itália, aos pés do Monte Soprassasso.

Um dos pelotões da 6ª Cia, comandado pelo 1º Ten Apollo Miguel Rezk tornaram-se a ponta de lança do ataque brasileiro. Quando se deslocavam próximo a La Serra, o pelotão foi detectado pelo inimigo e logo se viram cercados pelos flancos e retaguarda, rodeados de 6 metralhadoras alemãs a mais ou menos 80 metros de distância, forçando o pelotão a procurar abrigar-se da chuva de tiros das metralhadoras alemãs.

O Comandante do pelotão, não recuou, manteve a posição no terreno e deu ordem coordenada de ataque aos inimigos. Ele foi ferido e mesmo assim continuou o combate, mantendo sua posição, não aceitou ser evacuado.

O pelotão conseguiu neutralizar as metralhadoras e tomar La Serra.

Por este ato de bravura o 1º Ten Apollo foi condecorado pelo Comando Americano com a sua 2º maior honraria de guerra por bravura, a Cruz de Serviços Distintos, fazendo com que o 1º Ten Apollo fosse o combatente militar brasileiro com mais condecorado.

1º Ten Apollo sendo condecorado com a Cruz de Serviços Distintos

A tomada de La Serra foi mais um exemplo da coragem e do profissionalismo das tropas brasileiras durante sua participação na Segunda Guerra Mundial. As tropas da FEB superaram obstáculos e enfrentaram com sucesso as defesas alemãs para capturar La Serra. Essa vitória contribuiu para o avanço das forças aliadas na Itália e demonstrou a eficácia e o valor das tropas brasileiras em combate.

Batalha de Soprasasso

A Batalha de Soprasasso, também conhecida como Batalha de Castelnuovo di Vergato, ocorreu entre os dias 4 e 5 de março de 1945 e foi uma das importantes batalhas travadas pela Força Expedicionária Brasileira (FEB) durante a campanha na Itália, durante a Segunda Guerra Mundial.

A Batalha de Soprasasso aconteceu durante a ofensiva final das forças aliadas para expulsar as tropas alemãs da Itália. Soprassaso é uma área localizada em Castelnuovo di Vergato, na região da Emília-Romanha, no norte da Itália.

O Monte Della Croce estava entre o Monte Belvedere e o Monte Soprasasso. As tropas da FEB estavam flanqueando o avanço da 10ª Divisão de Montanha para que a mesma chegasse em Della Croce.

O 6º RI estava no lado oriental, sobre comando do Coronel Nelson de Mello, ocupou o Monte Della Croce em 04 de março de 1945, realizando um avanço rumo ao leste pela crista do Monte.

No dia 05 de março, sob pesado fogo inimigo os brasileiros conseguiram conquistar o Monte Soprasasso, demonstrando um grande amadurecimento profissional, desde a tomada de Monte Castelo, eles conseguiram manter a posição e seguraram o contra-ataque alemão.

As tropas brasileiras empregaram táticas de avanço gradual, cobertura e flanqueamento para superar as defesas alemãs e avançar em direção a Soprassasso.

Charge do Jornal Cruzeiro do Sul - 1945

Vista do Morro Soprasasso

Batalha de Castelnuovo

Após a conquista do Monte Soprasasso e do Monte Della Croce, enquanto o 1º e 2º Batalhões do 11º RI partiram para contornar a posição de Castelnuovo, a partir de La Serra, já o 6º RI partiu de Monte Soprasasso para Castelnuovo.

O 6º RI avançou para a cidade de Castelnuovo, mesmo enfrentando a artilharia alemã, conseguiram atingir a cidade por volta das 19hs do dia 05 de março de 1945, concluindo a expulsão inimiga na manhã do outro dia.

Início da Primavera

Após conseguir o domínio das montanhas, o 4º Corpo de Exército, consolidou sua nova linha de frente e o Gen Willys Crittenberger suspendeu todas as atividades ofensivas em 07 de março de 1945.

A 10ª Divisão de Montanha estava esgotada e precisava de descanso para a tropa, assim como nossa 1ª Divisão de Infantaria Expedicionária (1ª DIE) também precisava descansar e recuperar as energias e poder elevar a moral da tropa.

O Gen Mascarenhas aproveitou essa fase de descanso para prover o merecido descanso aos militares de sua Divisão.

Criou um sistema de folga para os homens, enviando-os em viagens de laser, foram enviados para Roma e Florença, onde eles poderiam frequentar cinemas, bar e bailes, esse foi o mês de março de 1945, terminando o inverno, já iniciando a primavera.

Militares da FEB de folga

Em 20 de março, o General Mascarenhas foi convocado para uma reunião com os comandantes do 4º Corpo de Exército, no QG do Gen Crittenberger. A reunião tinha como objetivo era expor os planos para o ataque final contra os alemães na Itália, o nome do plano era Operação Grapeshot, mas ficou popularmente conhecida como Ofensiva da Primavera.

O Plano da ofensiva era designar o 4º Corpo de Exército na tarefa de sobrepujar os últimos pontos fortes do inimigo no caminho para o Vale do Rio Panaro e ocupar sua margem Oriental, seguindo por essa margem até capturar Vignola que era a chave para pegar a planície do Vale do Rio Pó.

O Movimento ofensivo seria feito pela 10ª DM com a 1ª Divisão Blindada com a FEB avançando rumo norte para assegurar o flanco do ataque principal, contudo o Gen Mascarenhas solicitou uma ampliação a leste da Zona de Operações da 1ª DIE, aliviando a 10ª DM.

O Gen Crittenberger concordou com o Gen Mascarenhas e a frente de combate da FEB incluiu a cidade de Montese, último grande reduto alemão na região montanhosa da Itália.

Oficiais visualizando o mapa do terreno

Batalha de Montese:

A cidade de Montese estava guarnecida pelo 114º Divisão Jäger, comandada pelo Gen Alemão Hans-Joachim Ehlert.

Montese ficava na face ocidental da última montanha localizada antes do rio Panaro e no seu alto existia uma torre medieval utilizada pelos alemães como observatório de artilharia.

A movimentação do 4º Corpo de Exército começou no dia 07 de Abril de 1945, sendo concluída toda a preparação no dia 13 de abril de 1945.

As patrulhas eram lançadas na linha de frente para poder verificar as posições inimigas no terreno.

O Gen Mascarenhas escolheu o 11º RI para realizar o ataque, comandado pelo Coronel Delmiro de Andrade, o último dos três regimentos a entrar em linha no ano de 1944 e o único até aquele momento que não havia tomado a frente em uma ofensiva.

A ofensiva direto a Montese caberia ao 1º Batalhão do 11º RI, comandado pelo Maj Manoel Lisboa, enquanto isso o 3º Batalhão do 11º RI, comandado pelo Maj Cândido da Silva atacaria a elavação a direita de Montese, com o objetivo principal de capturar o cume, em Montello.

O 2º Batalhão do 1º RI no comando do Maj Syzeno Sarmento faria um ataque secundário sobre o flanco direito do 3º Batalhão do 11º RI.

Na manhã de 14 de abril de 1945 foi a data que marcou o dia da ofensiva da primavera, o ataque brasileiro iniciou por volta das 10:15hs da manhã coordenado com o ataque da 10ª DM.

Uma densa barragem de fogos da artilharia brasileira precedeu o avanço da Infantaria, acabando com os pontos mais fortes do inimigo, conforme descrições feitas pelas patrulhas de reconhecimento anteriormente.

O Batalhão comandado pelo Coronel Syzeno foi o primeiro a avançar no seu ataque secundário, mas logo quando a nuvem da barragem de fogos baixou, os observadores alemães conseguiram, do alto de Montese, ver as tropas do referido Batalhão.

E então os inimigos ordenaram a mais terrível chuva de artilharia que a FEB já havia visto.

Às 13hs o ataque do 11º RI foi finalmente concluído, o Gen Cordeiro de Farias lançou mais uma poderosa barragem de fogos de artilharia contra a cidade de Montese com o objetivo de deixar os alemães sem enxergar, causando-lhes desorientação e temor.

Às 15hs os primeiros brasileiros adentraram em Montese, a frente desse avanço estava a 2ª Companhia com 3 pelotões dispostos lado a lado. No centro estava o pelotão do Ten Iporan Nunes de Oliveira e seu SubCmt o Sgt Nestor da Silva.

Esse pelotão ao chegar nas primeiras ruas de Montese, o pelotão solicitou por rádio o cessar fogo da artilharia brasileira, após a artilharia cessar, os pelotões adentraram nas ruas rapidamente, mas de forma assustadora a artilharia inimiga atirou contra os pelotões, fazendo com que os militares fossem espargidos. A comunicação via rádio foi cortada devido ao ataque alemão.

O outro pelotão comandado pelo Ten Ary Rauen penetrou pela região sudeste de Montese quando também ficou paralisado pelo fogo da artilharia inimiga.

Ten Iporan mesmo sem contato com o resto do Batalhão, comandou um ataque cidade acima, colocando pela primeira vez, os soldados brasileiros em combate urbano, limpado casa a casa até o centro de Montese eliminando a presença alemã. No final da tarde o Ten Iporan atingiu a torre da cidade, subindo por suas escadarias e atingindo o topo da construção.

Somente na noite as comunicações foram reestabelecidas e o Tenente descobriu que estava isolado na cidade, uma vez que os alemães resistiram ao avanço do 3º Batalhão a leste e ainda o outro pelotão estava paralisado, pois o Ten Rauen havia sido morto em combate com um tiro na cabeça.

Gen Mascarenhas ligou para o pelotão do Tenente Iporan que se encontrava abrigado em Montese e falou com o Sgt Nestor e disse: *"- Sgt Nestor, acabo de assinar sua promoção de 2º Sargento para 2º Tenente, honra essas estrelas assim como honrou as divisas de sargento, assuma imediatamente o Comando do Pelotão a sua direita e siga em frente, boa sorte!"*

Na manhã do dia seguinte a artilharia brasileira reiniciou o fogo contra Montello e os picos montanhosos permitindo o reinicio do ataque do Maj Cândido. O Aspirante Francisco Mega comandava seu pelotão num ataque sob aquelas posições foi atingido no tórax por uma rajada de metralhadora, ordenando o prosseguimento do avanço antes de falecer.

Na cidade de Montese os pelotões agora reforçados prosseguiam o ataque de casa em casa, também avançado lentamente ao longo de todo o dia.

A resistência inimiga na cidade de Montese somente foi vencida no dia 16 de abril de 1945 e nos 2 dias posteriores os soldados brasileiros realizaram a limpeza de toda a área a frente na direção do Rio Panaro.

Como esperado a resistência alemã entrou em colapso após a perda de Montese e em 19 de abril a FEB atingiu o Vale do Rio Panaro.

A Batalha de Montese foi um dos momentos mais desafiadores e notáveis para a FEB. As tropas brasileiras enfrentaram condições adversas, combates urbanos intensos e resistência alemã determinada. Sua vitória em Montese representou uma contribuição significativa para a campanha aliada na Itália e demonstrou a coragem, a disciplina e a capacidade de luta dos soldados brasileiros durante a Segunda Guerra Mundial.

Batalha de Zocca

A FEB chega em 19 de abril de 1945 no Vale do Rio Panaro, ocupando a margem oriental do rio enquanto avançava rumo ao norte.

Em 21 de abril de 1945, após serem atrasados por numerosos campos de minas e obstáculos deixados pelo inimigo, as vanguardas brasileiras atingiram a cidade de Zocca.

Zocca é uma pequena cidade localizada na região da Emília-Romanha, no norte da Itália.

E no final do dia de 22 de abril de 1945, atingiram a cidade de Vignola no sopé dos montes alpeninos, colocando a FEB finalmente no Vale do Rio Pó.

A partir dai o objetivo do alto-comando era perseguir com o máximo de velocidade as divisões alemãs em fuga na planície antes que eles pudessem atingir os alpes e fugir para a Alemanha.

Nesse contexto, as ordens de Gen Crittenberger ao Gen Mascarenhas excluía a FEB dessa perseguição rumo Norte, designou a FEB para cobrir o flanco do avanço americano rumo ao noroeste ao longo da estrada para Milão.

Além disso para acelerar sua capacidade móvel, o 4º Corpo havia requisitado os caminhões da Infantaria da FEB, deixando a 1ª DIE perigosamente para trás, mas as informações do serviço de inteligência diziam que havia presença inimiga na região costeira de La Spezia.

Gen Mascarenhas decidiu impedir sua fuga, o Gen Cordeiro de Farias cedeu os caminhões da artilharia para o transporte dos militares dos Regimentos de Infantaria.

Os blindados M8 Greyhound do Esquadrão de Reconhecimento, comandado pelo Cap Plínio Pitaluga saíram na frente, vasculhando o terreno a quilômetros à frente dos caminhões da tropa, dessa forma eles atingiram a cidade de San Polo d'Enza em 24 de abril de 1945.

Prosseguindo apressadamente rumo noroeste, Pitaluga adentrou a Colecchio.

Batalha de Collecchio

Collecchio é uma cidade localizada na região da Emília-Romanha, na Itália. Durante a Segunda Guerra Mundial, Collecchio foi palco de uma importante operação envolvendo a Força Expedicionária Brasileira (FEB) durante sua participação na campanha italiana.

O Esquadrão do Cap Plínio Pitaluga, chegou pouco depois das 12hs do dia 26 de abril de 1945 na cidade de Collecchio.

Os blindados travaram contato com a vanguarda inimiga.

O Gen Mascarenhas recebeu do Esquadrão a localização exata da vanguarda inimiga, ordenou o imediato transporte da infantaria para Collecchio, onde chegaram na mesma noite.

Decididamente bloquearam a rota de fuga inimiga para o Norte. A tropa alemã era a 148º Divisão de Infantaria Alemã, comandada pelo Gen Otto Fretter-Pico junto com o restante de outras duas divisões que haviam recuado do setor costeiro e que tinham o objetivo de fugir para a Alemanha, eles estavam em Collecchio porque havia um depósito de suprimento alemão.

Os soldados do 6º RI capturaram os depósitos e empurraram os inimigos para o sul, avançando até a cidade de Gaiano no dia 28 de abril de 1945.

Batalha de Fornovo di Taro

Em Gaiano os soldados brasileiros foram atacados por uma linha de metralhadoras alemãs.

Gen Mascarenhas ordenou o cerco da tropa alemã, já localizada na cidade de Fornovo di Taro.

Após um ultimato brasileiro, emissários foram enviados pelo Gen Otto Fretter-Pico para negociar a rendição de suas tropas que estavam cercadas.

No começo da tarde de 29 de abril de 1945 as primeiras unidades alemãs começaram a se entregar a FEB numa fila que era imensa, adentraram a madrugada, somente foi concluída na manhã de 30 de abril.

A FEB contabilizou a rendição de 15 mil soldados inimigos.

O Gen Fretter-Pico foi o último a se entregar.

A foto anterior mostra todo material que a FEB capturou da 148º Divisão Alemã.

Ao mesmo tempo o Alto-Comando do Eixo na Itália assinava tratativas de rendição de seus exércitos.

Na última fase da campanha, patrulhas motorizadas da FEB se espalharam pelo noroeste italiano chegando a Milão e Turim, atingindo por fim a fronteira francesa

As forças do eixo na Itália depuseram em armas no dia 02 de maio de 1945, nesta data se encerram os combates neste teatro de operações, uma semana depois a Alemanha assinaria sua rendição final, colocando um fim na Segunda Guerra Mundial.

A FEB celebrou sua vitória com orgulho de ter cumprido sua missão.

A FEB passou a realizar tarefas de ocupação da região, dessa forma os soldados passaram a conhecer e interagir com a sociedade local.

No dia 04 de maio de 1945 o Gen Lucian Truscott ofereceu um almoço comemorativo aos comandantes de unidades do 5º Exército, ao chegar no local Gen Mascarenhas foi aplaudido e cumprimentado pela atuação brasileira na captura de divisão alemã.

Em 07 de maio de 1945, o Comandante brasileiro encontrou-se com o Gen Mark Clark que disse ao Gen Mascarenhas: *"- Pra mim foi um privilégio estar associado aos brasileiros na campanha. A FEB cumpriu com precisão todas as missões que lhe foram confiadas, não relaxou na perseguição e rendeu uma divisão inimiga completa, foi um final magnífico de uma atuação magnífica!"*

Concluindo o período de ocupação, no começo de junho a Divisão brasileira começou a ser transportada de volta ao Brasil.

O primeiro escalão de 5 mil soldados zarpou de Nápoles em 06 de julho de 1945, chegando no Rio de Janeiro em 18 de Julho de 1945, onde os soldados foram recebidos pela população, com muita festa. Realizaram um triunfante desfile pelas ruas da capital brasileira.

Foi decretado pelo presidente da república, Getúlio Vargas, um decreto dizendo que no dia 18 de julho de 1945 seria considerado feriado nacional para recepcionar nossos heróis.

O Brasil aguardava ansioso o retorno de seus filhos que foram lutar na Europa. Foi uma grande festa nacional.

O desfile iniciou as 14hs15min com início na praça Mauá. No cruzamento das avenidas Rio Branco com Getúlio Vargas estava o palanque principal, onde as autoridades militares e civis estavam. Estavam presentes prestigiando a solenidade o ministro da guerra, da marinha e da aeronáutica, os presidentes do Supremo Tribunal e do Tribunal de Segurança, o arcebispo do Rio de Janeiro (Dom Jaime Camara), o General Mascarenhas de Moraes, muitos generais brasileiros e os generais americanos: General Mark Clark e General Crittemberger.

Em carro militar a frente da tropa, vinha o General Zenóbio da Costa.

Os aplausos tanto no trecho acima, como em toda extensão do desfile, eram incessantes, traduzindo o entusiasmo da população com o feito histórico dos militares. O povo cercava os militares, dando demonstrações de carinho, alegria e felicidade, literalmente abraçando os soldados, por essa razão o desfile se prolongou até a noite.

General Mark Clark certa hora, pediu para uma menina que passava em sua frente, uma bandeira do Brasil, ele a empunhou e foi caminhando até o palanque presidencial. Esse gesto do General americano comoveu a todos, sendo aplaudido pela multidão.

Os mortos também foram homenageados. Nos meses seguintes o restante da divisão começou a chegar no país.

O Terceiro escalão a convite do Governo Português, desviou sua rota e desembarcou no dia 03 de setembro de 1945, realizando um desfile pelas ruas de Lisboa.

O último escalão da FEB chegou no Rio de Janeiro no dia 03 de novembro de 1945, encerrando esse brilhante capítulo de nossa história.

Foram 239 dias ininterruptos de combate na linha de frente. A FEB foi uma das Divisões com mais tempo na linha de frente de toda a Campanha.

A FEB capturou um total de 20.573 prisioneiros.

A FEB tinha o efetivo de 25.334 expedicionários, 465 foram mortos

Essas batalhas são apenas algumas das muitas em que a FEB esteve envolvida durante sua atuação na frente italiana. A coragem, a determinação e o espírito combativo dos soldados brasileiros foram fundamentais para superar os desafios enfrentados nessas batalhas e contribuir para a campanha dos Aliados na Itália. A participação da FEB nessas ações de combate demonstrou a valentia e a capacidade dos soldados brasileiros, deixando um legado de heroísmo e contribuição para a vitória final dos Aliados.

O heroísmo e a determinação dos soldados brasileiros da Força Expedicionária Brasileira (FEB) nas ações de combate na frente italiana da Segunda Guerra Mundial são dignos de destaque. Esses homens demonstraram coragem inabalável, resiliência e uma vontade indomável de enfrentar os desafios da guerra. Vamos destacar alguns exemplos notáveis:

Coragem em Combate:
Os soldados brasileiros enfrentaram situações de combate extremamente perigosas e desafiadoras. Eles se destacaram por sua coragem ao avançar sob o fogo inimigo, superar obstáculos naturais e urbanos e lutar com bravura nas batalhas. Mesmo diante das adversidades e riscos, eles se mantiveram firmes e não recuaram, avançando com determinação em direção aos objetivos.

Atos de Bravura Individual:
Numerosos soldados brasileiros exibiram atos de bravura individual durante as batalhas. Alguns se destacaram ao assumir posições avançadas, liderar ataques contra posições inimigas, resgatar companheiros feridos sob fogo intenso e executar ações que exigiam coragem e destreza. Esses atos de bravura foram reconhecidos com condecorações e demonstraram o espírito heroico dos soldados da FEB.

Espírito de Camaradagem:
A FEB era uma unidade coesa e os soldados compartilhavam um forte senso de camaradagem. Eles se apoiavam mutuamente em momentos difíceis, oferecendo coragem e conforto emocional uns aos outros. Esse espírito de camaradagem foi fundamental para manter a moral alta e criar um

senso de unidade e solidariedade entre os soldados, fortalecendo-os nas ações de combate.

Determinação em Superar Desafios:
Os soldados brasileiros enfrentaram uma série de desafios durante sua atuação na Itália. Condições climáticas adversas, terrenos montanhosos e a resistência feroz do inimigo testaram sua determinação. No entanto, eles persistiram, superaram obstáculos e adaptaram-se às condições adversas. Sua determinação em cumprir a missão e lutar pela vitória foi uma força motriz que os impulsionou a seguir em frente, mesmo nas circunstâncias mais difíceis.

Sacrifício Pessoal:
Muitos soldados da FEB fizeram o supremo sacrifício, perdendo suas vidas em combate. Eles demonstraram um altruísmo inabalável, colocando o bem maior acima de suas próprias vidas. Seu sacrifício é um testemunho de sua dedicação à causa da liberdade e à defesa dos ideais pelos quais lutaram.

O heroísmo e a determinação dos soldados brasileiros na FEB são uma fonte de inspiração e orgulho para o Brasil. Eles enfrentaram as adversidades da guerra com coragem, honra e um compromisso inabalável. Seu exemplo nos ensina a importância de lutar por aquilo em que acreditamos, mesmo diante das circunstâncias mais desafiadoras. O legado de heroísmo deixado pelos soldados da FEB é uma parte essencial da história militar brasileira.

Capítulo 5: A Vida no Front

No final de junho de 1944 a FEB havia completado sua preparação física na Vila Militar na capital, Rio de Janeiro/RJ. Quando receberam a ordem de embarcar para o campo de batalha da Itália.

Treinamento na Vila Militar

O treinamento recebido pelos soldados foi com armamentos mais antigos, tendo em vista que o carregamento de armas modernas americanas nunca desembarcaram em solo brasileiro.

O soldado brasileiro foi para o combate moderno, mas com treinamento básico antigo, totalmente estranho e desconhecido.

As diferenças entre o armamento do infante americano e o infante brasileiro era gritante, assim como eram diferentes as formas de progressão e agrupamento de tropa.

O primeiro contingente a chegar na Itália foi em julho de 1944, em pleno verão do continente norte. Eles levaram essencialmente seus uniformes de verão, sendo enviados para o treinamento avançado e reequipados com o armamento americano. Foi com essas armas que os soldados da FEB realizaram toda campanha na Itália.

Adaptação do Soldado Brasileiro com o armamento

Já o segundo contingente chegou em 06 de outubro de 1944 já no outono. Eles completam o nosso primeiro contingente. Chegam tropas de infantaria, artilharia e aviação, comandados pelo General Cordeiro Farias e General Olímpio Falconiére da Cunha.

Novo contingente desembarca na Itália, no dia 24 de fevereiro de 1945, a tropa que desembarcou está sob comando do Coronel Iba Jardim Meirelles e já iniciou seu adestramento avançado para poder reforçar a FEB.

O soldado brasileiro infante carregou consigo o famoso Fuzil Springfield M1903, com o calibre 0.306. Esse fuzil utiliza um sistema simples de ferrolho, com um carregador de 5 cartuchos. Esse fuzil foi introduzido na infantaria americana em 1903.

O Springfield tinha uma cadência mais lenta, isso era muito ruim para os nossos pelotões. Muitos relatórios mentirosos falavam da baixa capacidade combativa da FEB, mas não levava em conta que tínhamos um armamento inferior ao do soldado americano.

Os snipers americanos ainda utilizavam o Springfield como fuzil de precisão.

O M1 Garand foi o fuzil substituto pelo exército americano, mas ele não foi dado aos soldados da FEB, pois o pentágono recusou-se a ceder o M1 Garand aos aliados, porque o fuzil semiautomático era considerado uma arma revolucionária e devia ser somente utilizada por militares americanos.

Foi introduzido no Exército Americano no ano de 1935, utilizava um revolucionário sistema de tiro semiautomático, permitindo realizar 8 disparos em sequência antes de recarregar.

A grande revolução neste armamento, é que o soldado americano poderia dar uma rajada em cima de um objetivo, dando ao Exército Americano uma vantajem nos combates da Europa e Pacífico, a produção deste armamento não deu conta da necessidade, por isso somente os militares americanos tinham ele.

Ao longo da guerra, os soldados brasileiros foram adquirindo os fuzis M1 Garand pegando dos soldados americanos mortos.

Principalmente no ataque ao Monte Castelo em fevereiro de 1945, quando uma grande pilha de fuzis Garand foi deixada pelos soldados mortos da 10ª DM, os soldados brasileiros pegaram essas armas.

No final da guerra, estimasse que mais de 1/5 da tropa da FEB estivesse usando os M1 Garand de forma não oficial.

A pistola semiautomática Colt M1911 foi introduzida no Exército Americano em 1911 para uso pessoal de Oficiais e Sargentos para defesa em curto alcance no máximo 50 metros de precisão.

A pistola Colt foi amplamente distribuída, nossos Oficiais e Sargentos da FEB também receberam esse armamento.

A pistola foi produzida no pós-guerra pela Indústria de Material Bélico aqui no Brasil com a designação M973 no calibre 9mm.

O Revólver Smith & Wesson M1917, no calibre 0.45 foi encomendado num lote de 25000 unidades pelo Exército Brasileiro aos Estados Unidos para uso pessoal de seus Oficiais.

Esse armamento foi utilizado por vários militares da FEB, com destaque para o General Zenóbio da Costa.

A carabina M1 foi desenvolvida em 1930 nos EUA. Era um fuzil menor e mais leve que o M1 Garand e exercícios militares demonstraram que a carabina era mais efetiva em tropa de comunicações e artilharia.

Entrou em produção no ano de 1942 e era a arma preferida para as tropas auxiliares e seus Oficiais e Sargentos, por ser uma arma compacta e precisa, sendo mais leve que o fuzil e mais preciso que a pistola. A munição era uma 0.30, o carregador poderia ser de 15 ou 30 tiros.

A FEB utilizou também a carabina M1 em toda sua campanha pela Itália.

A Submetralhadora Thompson M1A1, foi desenvolvida no final da 1ª Guerra Mundial, fazendo com que o soldado pudesse dar uma rajada de fogo mesmo que sem muita precisão, mas ela não foi usada.

Ela possuía um seletor de fogo, podendo ser colocado no automático ou semiautomático. Essa versão foi introduzida em 1938 no Exército Americano.

Essa arma foi amplamente usada pelas tropas de reconhecimento e também pelas tropas da FEB.

Ela era uma arma cara e o Exército Americano precisava achar um substituto, com custo mais baixo, e em 1942, baseado na submetralhadora britânica STEN, o resultado foi a submetralhadora M3 Grease Gun, usava a mesma munição da Thompson 0.45, mas com um carregador de 30 munições, sua produção iniciou em 1943 entrou em serviço no primeiro semestre de 1944, sendo distribuído para as tropas que invadiriam a Normandia. A Grease Gun recebeu esse apelido porque parecia um instrumento de manutenção dos blindados, a tradução para o português seria "Arma de Graxa".

As primeiras versões de Grease Gun apresentavam vários problemas de utilização, o que levou a diversas mudanças na linha de fabricação, chegando a uma versão estável no final de 1944.

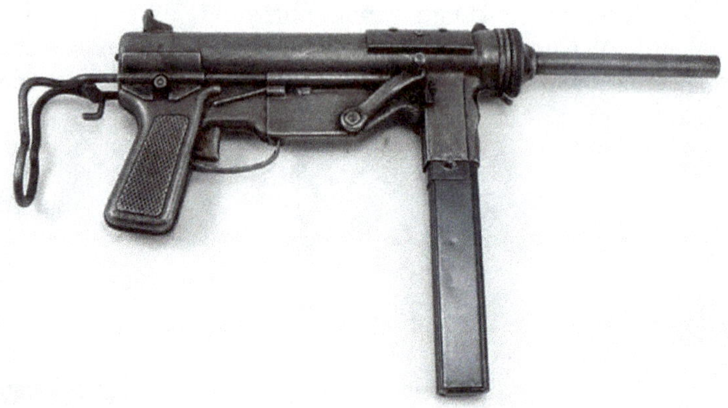

A FEB também recebeu a Grease Gun, a partir do inverno de 1944 para 1945, como substituta para a Thompson, embora a tropa preferisse a Thompson.

O Rifle Automático Brownie M1918 BAR entrou em utilização no ano de 1918 com o Exército Americano, como fuzil automático de precisão com uma alta cadência de fogo, usava o cartucho 0.306, mesmo cartucho das Springfield e o Garand, mas com um carregador com 20 cartuchos.

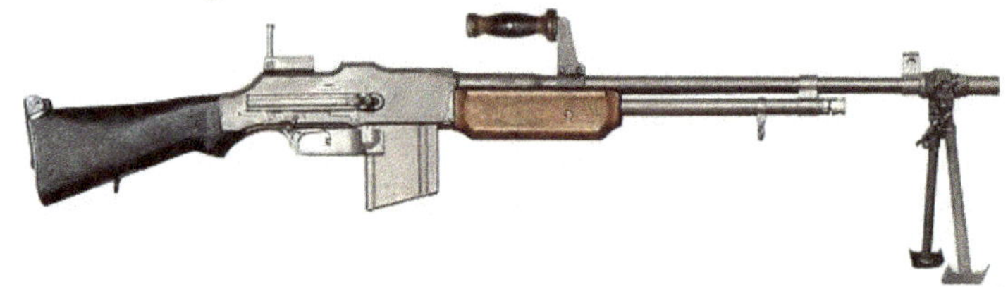

Em 1938 ela foi plenamente utilizada no Exército americano, como uma metralhadora leve. Ele tinha um bipé na ponta do cano, porque era volumoso.

Também foi distribuído para a FEB e era uma arma altamente valorizada devido ao poder de fogo, mas também porque não haviam muitos na tropa. Geralmente em um grupo de soldados havia um soldado operador da BAR.

Mas nem somente de guerra vivia nossos combatentes, eles também realizavam esportes para "esquecer" um pouco do stress do campo de batalha.

O V Exército tinha um time de futebol que era composto dos militares brasileiros da FEB e alguns militares ingleses, pois os militares americanos não gostavam muito do nosso futebol, para eles "soccer". Eles preferiam futebol americano.

Em 28 de abril de 1945 em Livorno ocorreu uma partida de futebol entre o esquadrão (time) do V Exército e o Conjunto Sub-área 60, composto pela RAF(Força Aérea Real) e Marinha Britânica.

Jogavam pelo V Exército: Braulio, Dale e Dunga; Clarke, Howshall e Colier; Furness, Geninho, Bidon, Perácio e Walter.

Time do V Exército

Nessa partida Geninho, aos 7 minutos abriu o placar e Walter aos 40 minutos da 2ª etapa ampliou o placar, terminando 5x1 para o time do V Exército. O arbitro da partida era o 1º Ten Adams da Marinha Britânica, mesmo com o juiz ajudando o Sub-área 60, eles não conseguiram vencer.

O Campeonato do Mediterrâneo iniciou no dia 20 de maio de 1945 em Arezzo, contra os ingleses do 2º Distrito. A partida terminou com a vitória do V Exército por 4x0.

Em 09 de maio de 1945, em Ancona, realizou-se a semi-final, o adversário era a Força Inglesa da Grécia, que era um time forte. Foi o jogo mais emocionante, pois os adversários saíram ganhando com o placar de 2x0, mas no segundo tempo, houve uma reação e alcançamos o empate. O Jogo foi para a prorrogação, mas não houve vencedor. Então marcaram para o outro dia uma nova partida.

No dia 10 de maio, as equipes voltaram para o gramado, onde dessa vez o V Exército venceu com o placar de 4x1.

A seleção do V Exército foi para a final no dia 13 de maio de 1945, na cidade de Florença contra a equipe do 3º Distrito. A partida terminou com a vitória do 3º Distrito por 2x1, consagrando-se campeão das Forças Aliadas do Mediterrâneo.

A foto acima é do acampamento da FEB em solo italiano.

As condições de vida dos soldados da Força Expedicionária Brasileira (FEB) nas trincheiras da frente italiana durante a Segunda Guerra Mundial eram desafiadoras e exigiam grande resiliência. Vamos explorar essas condições:

Trincheiras e Abrigos:

Os soldados da FEB estavam frequentemente estabelecidos em trincheiras e abrigos improvisados, que serviam como proteção contra os ataques inimigos. Essas estruturas eram escavadas no solo ou construídas com materiais disponíveis, como tábuas e lonas. As trincheiras ofereciam alguma proteção contra os elementos, mas muitas vezes eram úmidas, frias e desconfortáveis.

Condições Climáticas:

Os soldados enfrentavam uma variedade de condições climáticas ao longo das estações do ano. No inverno, enfrentavam temperaturas baixas, nevascas e ventos cortantes. Essas condições extremas tornavam difícil manter-se aquecido e seco, afetando o conforto e a saúde dos soldados. No verão, o calor intenso e a exposição ao sol também eram desafios a serem enfrentados.

Escassez de Suprimentos:

A FEB enfrentou escassez de suprimentos básicos nas trincheiras. A falta de alimentos, água potável, roupas e equipamentos adequados era uma realidade constante. Os soldados precisavam lidar com rações limitadas, muitas vezes comendo enlatados e alimentos desidratados. A água potável era escassa e precisava ser conservada. Essa falta de suprimentos essenciais afetava o bem-estar e a saúde dos soldados.

Higiene e Condições Sanitárias:

As condições sanitárias nas trincheiras eram precárias. O acesso a banheiros adequados e condições básicas de higiene era limitado. A falta de água limpa e a impossibilidade de tomar banho regularmente levavam a problemas de higiene e saúde. A proliferação de doenças, como a malária e infecções de pele, era uma preocupação constante para os soldados.

Convivência em Espaços Restritos:
Os soldados viviam em espaços restritos e compartilhados nas trincheiras. Isso significava que a privacidade era limitada, e a convivência próxima com outros soldados podia ser desafiadora. Era necessária uma boa dose de paciência, tolerância e espírito de equipe para lidar com as tensões que surgiam nesse ambiente.

Apesar das condições adversas nas trincheiras, os soldados da FEB encontravam força e camaradagem uns nos outros. Eles compartilhavam histórias, apoio emocional e se ajudavam mutuamente para enfrentar os desafios diários. A resiliência e a determinação desses soldados em continuar lutando, apesar das condições difíceis, são testemunhos de sua coragem e compromisso com a missão. Mesmo nas circunstâncias mais adversas, os soldados da FEB permaneceram firmes em sua dedicação à causa da liberdade e da justiça.

As dificuldades enfrentadas pelos soldados da Força Expedicionária Brasileira (FEB) durante sua atuação na frente italiana da Segunda Guerra Mundial eram numerosas e variadas. Vamos explorar algumas delas, incluindo o clima adverso, a escassez de suprimentos e a convivência com soldados de outras nacionalidades:

Clima Adverso:
O clima na frente italiana apresentava desafios significativos para os soldados da FEB. No inverno, as temperaturas baixas, a neve e os ventos fortes dificultavam a sobrevivência nas trincheiras e o movimento no terreno. A exposição prolongada ao frio extremo aumentava o risco de congelamento e hipotermia. No verão, o calor intenso e o sol escaldante levavam à desidratação e exaustão.

Escassez de Suprimentos:

A escassez de suprimentos era uma realidade constante para os soldados da FEB. A guerra exigia a mobilização de recursos em larga escala, o que muitas vezes resultava em falta de alimentos, água potável, roupas adequadas e equipamentos essenciais. Os soldados tinham que lidar com rações limitadas, enlatados e alimentos desidratados. A água potável era escassa e precisava ser racionada. A falta de suprimentos adequados afetava a saúde, o conforto e a capacidade de combate dos soldados.

Convivência com Soldados de Outras Nacionalidades:

A FEB operava em conjunto com tropas de diversas nacionalidades aliadas na frente italiana. Isso significava que os soldados brasileiros conviviam com soldados de outras culturas e idiomas. A comunicação e a coordenação entre as diferentes unidades poderiam ser desafiadoras devido às barreiras linguísticas e culturais. No entanto, a convivência com soldados de outras nacionalidades também proporcionava uma oportunidade de troca de experiências, aprendizado mútuo e solidariedade em face dos desafios comuns.

Impacto na Convivência e na Saúde Mental:

A convivência em ambientes restritos, como as trincheiras, por longos períodos de tempo podia causar tensões e desgaste emocional. A falta de privacidade e as dificuldades compartilhadas aumentavam o estresse e o desgaste mental dos soldados. Lidar com as dificuldades diárias, a incerteza e o medo constante também podia afetar a saúde mental dos soldados.

O primeiro Natal fora do Brasil, foi essa a expressão que mais se passava na cabeça de nossos combatentes, muitos meninos que pela idade eram considerados homens, pois tinham mais de 18 anos, mas a maioria deles nunca saiu de sua casa e agora estão em outro continente, lutando pelo fim da tirania opressora dos ditadores do século XX, pela liberdade sua, de seus descendentes e ascendentes. Assim chega o Natal de 1944, a tropa realizando apenas patrulhas.

O General Mascarenhas se dirigiu ao Ministro da Guerra, General Eurico Dutra com as seguintes palavras: *"- As famílias brasileiras reunidas nestes dias para comemorar as festas nacionais e dirigir a Deus pela vitória das Nações Aliadas e regresso de seus entes que lhes são caros, peço a V Ex.transmitir nossos votos de bom Natal e Feliz Ano Novo. Separados por imensa distância, mas unidos por um só pensamento, comungamos mesmos desejos e todos sacrifícios feitos merecendo, para que possamos retornar breve a pátria e ao lar, satisfeitos pelo dever cumprido e pela honra que nos tocou, de defender nos campos de batalha da Europa, as tradições do Exército e o nome do Brasil!".*
"Em nome da FEB a V Ex os melhores votos de Feliz Natal e Ano Novo, desejando que no decurso de 1945, sob sua esclarecida orientação, o Exército continue a viver fase de intenso trabalho e reaparelhamento e de merecido prestígio nacional."

Esse discurso feito pelo Gen Mascarenhas foi publicado em vários jornais brasileiros, chegando aos mais longínquos rincões.

Apesar dessas dificuldades, os soldados da FEB mostraram resiliência, adaptabilidade e coragem diante das adversidades. Eles buscavam apoio uns nos outros, compartilhavam histórias, risos e ombros para apoiar. Essa camaradagem e união foram essenciais para superar as dificuldades e manter a moral elevada em momentos desafiadores. Os soldados da FEB enfrentaram bravamente as adversidades, provando sua dedicação à causa pela qual lutavam e deixando um legado de heroísmo e determinação.

Capítulo 6: A Relação com a População Local

A recepção inicial dos soldados brasileiros pela população italiana foi marcada por curiosidade, gratidão e simpatia. Os italianos, que já sofriam sob o domínio alemão, receberam os soldados brasileiros como libertadores e heróis. A chegada da Força Expedicionária Brasileira (FEB) trouxe um sopro de esperança e alegria para os italianos, que viam nos brasileiros aliados valentes e solidários.

Os soldados brasileiros foram recebidos com entusiasmo e gestos de hospitalidade. A população italiana oferecia comida, abrigo, roupas e expressões de gratidão aos soldados da FEB. Os italianos reconheciam o sacrifício dos brasileiros ao deixarem suas famílias e seu país para lutar pela liberdade e justiça em solo italiano.

Essa recepção calorosa criou uma ligação especial entre os soldados brasileiros e os italianos. A amizade e a camaradagem se desenvolveram à medida que os soldados da FEB interagiam com a população local, compartilhavam histórias, experiências e culturas. Os brasileiros se adaptaram aos costumes italianos, aprendendo a língua e apreciando a gastronomia e a música do país. Essa troca cultural estreitou os laços entre os soldados brasileiros e a população italiana, criando uma relação de amizade e respeito mútuo.

Os soldados brasileiros sempre se destacaram pela sua generosidade, estão sempre prontos a dividir qualquer guloseima ou comida com civis italianos mais desprovidos, seja a ração ou uma simples bala de caramelo, o soldado brasileiro está sempre pronto.

Os militares trataram muito bem os populares conforme o relato de vários jornalistas retratam que não viram nenhuma desavença entre italianos e brasileiros, mas sim o contrário.

Ao longo do tempo, a relação entre os soldados brasileiros e os italianos se fortaleceu ainda mais à medida que a FEB avançava pelo território italiano, libertando cidades e vilarejos do domínio alemão. Os italianos admiravam a bravura e a determinação dos soldados brasileiros, testemunhando seu compromisso em libertar a Itália do jugo nazifascista.

A convivência próxima entre os soldados da FEB e os italianos proporcionou momentos de solidariedade e empatia. Os brasileiros se envolveram em atividades sociais, como aulas, partidas de futebol e festivais culturais, estabelecendo laços duradouros com os italianos. Essa relação positiva e fraterna contribuiu para a reconstrução do país após a guerra e deixou um legado de amizade e gratidão entre Brasil e Itália.

A recepção calorosa e a relação estreita entre os soldados brasileiros e os italianos durante a Segunda Guerra Mundial destacam o poder da solidariedade e do apoio mútuo em tempos difíceis. A presença dos soldados da FEB não apenas ajudou a libertar a Itália, mas também criou laços humanos que transcendem fronteiras e perduram até os dias de hoje.

A solidariedade e o apoio mútuo entre os soldados brasileiros da Força Expedicionária Brasileira (FEB) e a população local na Itália foram elementos essenciais durante a Segunda Guerra Mundial. A relação estreita entre os soldados da FEB e os italianos demonstrou o poder do espírito humano de se unir em tempos de adversidade. Vamos destacar esses aspectos:

Ajuda Humanitária:

Os soldados brasileiros da FEB não apenas lutaram nas batalhas, mas também estenderam a mão à população italiana necessitada. Eles compartilhavam rações de comida, roupas, medicamentos e outros suprimentos com os italianos, que sofriam com a escassez e a ocupação alemã. Essa ajuda humanitária foi um gesto de solidariedade que aliviou o sofrimento dos italianos e demonstrou o compromisso dos soldados brasileiros em ajudar e apoiar a população local.

Troca Cultural e Social:

A convivência próxima entre os soldados brasileiros e os italianos permitiu a troca de experiências culturais e sociais. Os soldados da FEB se envolveram em atividades conjuntas, como aulas, festivais e partidas de futebol, promovendo a interação e a amizade entre os dois grupos. Essa troca cultural fortaleceu os laços entre os soldados brasileiros e a população italiana, criando um senso de união e compreensão mútua.

Proteção e Abrigo:

A população italiana, especialmente nas áreas libertadas pelas tropas brasileiras, oferecia proteção e abrigo aos soldados da FEB. Os italianos forneciam informações valiosas sobre a presença de tropas inimigas, ajudavam na identificação de minas terrestres e ofereciam refúgio seguro para os soldados brasileiros. Essa cooperação mútua demonstrava a confiança e a gratidão entre os dois grupos.

Apoio Moral e Emocional:

Os soldados brasileiros encontraram apoio moral e emocional na população italiana. Os italianos expressavam sua gratidão e admiração pelos soldados da FEB, incentivando-os a seguir em frente e a permanecer firmes em sua missão. Esse apoio moral e emocional era uma fonte de motivação para os soldados, fortalecendo sua determinação e espírito de luta.

A solidariedade e o apoio mútuo entre os soldados brasileiros e a população italiana demonstraram a força do vínculo humano em tempos difíceis. Essa relação foi baseada em compaixão, respeito e reciprocidade, deixando um legado duradouro de amizade entre Brasil e Itália. A ajuda humanitária, a troca cultural, a proteção mútua e o apoio moral e emocional evidenciaram o poder da solidariedade e o impacto positivo que pode ser alcançado quando pessoas se unem em tempos de adversidade.

O Presidente Getúlio Vargas mandou que o carregamento de café fosse aumentado, para que servisse para os soldados e também para a população das cidades que foram liberadas do nazismo.

Essa providência teve larga repercussão porque representa um grande apoio humanitário as pessoas que receberam dos nossos soldados.

Militares brasileiros com a população italiana

Gen Mascarenhas recebendo uma fruta de uma mulher italiana

Menina italiana beijando o veiculo de reconhecimento
brasileiro

Capítulo 7: Vitória e Volta para Casa

A contribuição da Força Expedicionária Brasileira (FEB) para a vitória dos Aliados na Segunda Guerra Mundial e a rendição do exército alemão na Itália foi significativa e desempenhou um papel importante nos eventos finais da campanha italiana. Vamos explorar essa contribuição:

Avanço e Libertação de Territórios:
A FEB desempenhou um papel crucial no avanço das forças aliadas na Itália. Com coragem e determinação, os soldados brasileiros participaram de operações militares para liberar cidades e vilas do domínio alemão. Sua presença nas linhas de frente foi fundamental para garantir o sucesso das ofensivas e o avanço das tropas aliadas.

Quebra da Linha Gustav:
A Linha Gustav era uma linha defensiva fortemente fortificada pelos alemães, que se estendia pelos Apeninos italianos. A FEB, em conjunto com outras forças aliadas, desempenhou um papel crucial em sua quebra. A coragem e a habilidade dos soldados brasileiros na batalha de Monte Castello, Monte Belvedere e outras ações de combate foram determinantes para abrir caminho para o avanço das tropas aliadas.

Ações de Retaguarda e Corte de Linhas de Abastecimento:

Além de suas ações nas linhas de frente, a FEB também realizou missões de retaguarda e cortou as linhas de abastecimento alemãs. Essas operações foram fundamentais para enfraquecer a capacidade de resistência do exército alemão e minar sua logística, contribuindo para a vitória dos Aliados.

Rendição do Exército Alemão na Itália:

A contribuição da FEB para a vitória dos Aliados culminou na rendição do exército alemão na Itália. A presença dos soldados brasileiros nas linhas de combate e seu avanço determinado desempenharam um papel essencial na derrota das forças alemãs. A rendição das tropas alemãs em 2 de maio de 1945 marcou um momento significativo na história da Segunda Guerra Mundial e foi resultado direto da perseverança e do sacrifício dos soldados brasileiros e das forças aliadas.

A contribuição da FEB para a vitória dos Aliados na Itália não apenas ajudou a libertar o país do domínio alemão, mas também teve um impacto mais amplo na derrota do Eixo na Europa. O heroísmo, a coragem e a dedicação dos soldados brasileiros na FEB deixaram um legado de orgulho e honra para o Brasil, além de um reconhecimento internacional de sua contribuição para a causa da liberdade e da justiça.

Após o término da Segunda Guerra Mundial, os soldados da Força Expedicionária Brasileira (FEB) retornaram ao Brasil, onde foram recebidos com uma recepção calorosa e expressões de gratidão pela população. No entanto, o retorno e a reintegração à vida civil também trouxeram desafios significativos. Vamos explorar esse período:

Recepção Calorosa:

A chegada dos soldados da FEB ao Brasil foi marcada por uma recepção calorosa e festiva. A população brasileira os recebeu como heróis, celebrando suas conquistas e o papel desempenhado na vitória dos Aliados. Os soldados foram recebidos com desfiles, comemorações e manifestações de agradecimento em todo o país. A gratidão da população brasileira por sua bravura e sacrifício era evidente.

Desafios na Reintegração:

Apesar da recepção calorosa, os soldados da FEB enfrentaram desafios na reintegração à vida civil. Muitos soldados haviam passado anos longe de suas famílias e comunidades, e a transição para a vida cotidiana após a experiência da guerra era complexa. A adaptação às rotinas diárias, às mudanças pessoais e às expectativas da sociedade civil exigiam tempo e esforço.

Traumas de Guerra:

Alguns soldados da FEB carregavam traumas físicos e emocionais resultantes de suas experiências na guerra. Ferimentos, doenças adquiridas em combate e transtornos de estresse pós-traumático eram desafios enfrentados por muitos veteranos. A superação desses traumas e a busca por apoio e tratamento adequados foram essenciais para a reintegração bem-sucedida à vida civil.

Reintegração Profissional e Educação:

A reintegração profissional também representava um desafio para os soldados da FEB. Alguns encontraram dificuldades em retomar suas carreiras anteriores ou encontrar emprego adequado. A falta de qualificações específicas e a necessidade de adquirir novas habilidades exigiam esforço e adaptação. Programas de apoio e reintegração, bem como oportunidades de educação e treinamento profissional, foram implementados para auxiliar nessa transição.

Apoio da Sociedade Civil:

A sociedade civil brasileira desempenhou um papel importante no apoio aos soldados da FEB em sua reintegração. Organizações e grupos de veteranos foram formados para fornecer suporte emocional, assistência na busca de emprego e benefícios, e promover a camaradagem entre os veteranos. Esse apoio da sociedade civil ajudou a criar uma rede de solidariedade e amparo aos soldados da FEB.

Gradualmente, os soldados da FEB superaram os desafios e se reintegraram à vida civil. Muitos deles construíram carreiras de sucesso, formaram famílias e contribuíram para o desenvolvimento do Brasil em diversas áreas. O legado dos soldados da FEB como heróis da pátria e defensores da liberdade continua vivo na memória coletiva do país.

A reintegração dos soldados da FEB à vida civil foi um processo desafiador, mas a recepção calorosa da população, o apoio da sociedade civil e o esforço individual permitiram que eles superassem as dificuldades e encontrassem seu lugar na sociedade brasileira, deixando um legado de coragem e dedicação para as futuras gerações.

Capítulo 8: Heróis da FEB

A Força Expedicionária Brasileira (FEB) foi a unidade militar brasileira que lutou ao lado dos Aliados na Segunda Guerra Mundial, entre 1944 e 1945. Aqui estão alguns dos principais militares que se destacaram durante a participação da FEB:

Marechal Mascarenhas de Morais
General João Batista Mascarenhas de Morais;
General Zenóbio da Costa;
General Olympio Falconière da Cunha;
Brigadeiro Eduardo Gomes;
Coronel Euclides Zenóbio da Costa;
Tenente-Coronel Nelson de Mello;
Tenente-Coronel Geraldo Rodrigues de Souza;
Tenente-Coronel Mário Travassos;
Major Ciro do Espírito Santo Cardoso;
Capitão Alberto Martins Torres;
Capitão José Carlos Pereira;
Capitão Raimundo Florêncio da Silva;
Sargento Max Wolff Filho;
Sargento José Carlos Rosa;
Cabo Marcílio Luiz Pinto;
Soldado Sebastião da Silva;
Soldado Ari Gama D'Eça;
Soldado Hélio Lopes Meira;
Soldado Antônio de Pádua Costa;
Soldado Geraldo Baeta da Cruz;
Soldado Marcílio Marques Moreira; e
Soldado Olímpio Mourão Filho.

Esses são mais alguns exemplos de militares notáveis da FEB durante a Segunda Guerra Mundial. Cada um deles contribuiu para a história da FEB e demonstrou bravura e dedicação em defesa do Brasil e dos ideais dos Aliados.

General João Batista Mascarenhas de Morais

João Batista Mascarenhas de Morais foi um general do Exército Brasileiro e se tornou conhecido por liderar a Força Expedicionária Brasileira (FEB) durante a Segunda Guerra Mundial. Nascido em 13 de junho de 1883, em São Gabriel, Rio Grande do Sul, e falecido em 17 de setembro de 1968, na cidade do Rio de Janeiro. Mascarenhas de Morais desempenhou um papel importante na participação brasileira no conflito global.

Antes de se envolver na Segunda Guerra Mundial, Mascarenhas de Morais já tinha uma carreira militar sólida. Ele frequentou a Escola Militar do Realengo em 1904. Em 1907 foi promovido ao posto de 2º Tenente, em 1909 foi promovido a 1º Tenente. Alcançou o posto de Capitão em 1918 e de Major em 1923. Em 1928 foi promovido a Tenente-coronel e 1931 ao posto de Coronel. Foi promovido a General de Brigada em 1937 e a General de Divisão em 1942.

Em 1943, foi nomeado comandante da 1ª Divisão de Infantaria Expedicionária, que posteriormente se tornaria a Força Expedicionária Brasileira. A FEB foi enviada para lutar ao lado das forças aliadas na Campanha da Itália, a partir de 1944. Sob o comando de Mascarenhas de Morais, a FEB teve um papel significativo na tomada de Monte Castello e em outras batalhas cruciais na Itália.

Mascarenhas de Morais foi responsável por liderar as tropas brasileiras com habilidade e determinação, mesmo enfrentando condições adversas e um inimigo bem estabelecido. Sua liderança competente e corajosa contribuiu para o sucesso da FEB e para a reputação do Brasil como nação aliada.

Após a guerra, Mascarenhas de Morais continuou sua carreira militar no Brasil. Ele foi promovido a Marechal em 1963, alcançando o posto mais alto no Exército Brasileiro. Além de suas contribuições militares, ele também escreveu livros sobre a Segunda Guerra Mundial, compartilhando suas experiências e conhecimentos adquiridos durante o conflito.

Recebeu uma condecoração antes da FEB, em 1944, do Presidente Norte-americano Roosevelt: *"General de Divisão João Batista Mascarenhas de Moraes, Exército Brasileiro. Por conduta excepcionalmente meritória na execução de serviços notáveis como general comandante da 7ª RM em Recife/PE, de 21 de junho de 1940 a 29 de janeiro de 1943. Neste importante setor que incluía as bases aéreas, assim como as instalações dos corpos, organizou e dirigiu as defesas destes, quando era constante a ameaça de um ataque. Prestou auxílio material e assistência as nossas forças quando chegaram estas ao Norte e Nordeste do Brasil e por meio de sua cooperação, muitos problemas de interesse para ambas as forças foram ajustados numa base eficaz. Foi o responsável pela instalação de tropas brasileiras selecionadas, nos pontos críticos, medida essa necessária como uma defesa adequada. A sua habilidade de organização produziu medidas de proteção para salvaguardar armazéns, tanques de óleo e a valiosa equipagem. Como resultado de sua previsão, excelente critério, iniciativa, habilidade para organização, faculdade inventiva e superior direção, o general Mascarenhas contribuiu de uma maneira inestimável para a prossecução do esforço de guerra no Nordeste do Brasil. - Franklin D. Roodrvelt"*.

Foi alvo de vários elogios de Generais Norte-americanos, como Mark Clark com quem Mascarenhas teve uma ligação forte, pois trabalhavam juntos.

João Batista Mascarenhas de Morais é reconhecido como uma figura importante na história militar brasileira e seu legado continua a ser honrado até os dias de hoje.

Gen Mascarenhas ao centro

Gen Mascarenhas ao centro

Brigadeiro Eduardo Gomes

Brigadeiro Eduardo Gomes, cujo nome completo era Eduardo Gomes de Oliveira (1896-1981), foi um militar, político e uma das figuras mais proeminentes da história brasileira. Ele nasceu em Petrópolis, no estado do Rio de Janeiro, em 20 de setembro de 1896.

Gomes ingressou na Força Pública do Rio de Janeiro (atual Polícia Militar) aos 16 anos e, mais tarde, em 1917, ingressou na Escola Preparatória e de Tática do Realengo, iniciando sua carreira militar. Após se formar na Escola Militar do Realengo, serviu no 1º Regimento de Artilharia Montada e, posteriormente, na Aviação Militar.

Sua atuação na aviação militar foi notável. Gomes participou de várias missões aéreas e se destacou como piloto e instrutor de voo. Durante a Revolução de 1930 no Brasil, ele foi um dos primeiros pilotos a apoiar o movimento revolucionário, sobrevoando o Rio de Janeiro e bombardeando o palácio presidencial.

Em 1932, Gomes teve uma participação ativa na Revolução Constitucionalista, defendendo o estado de São Paulo contra o governo de Getúlio Vargas. Ele comandou o 4º Regimento de Aviação no combate aéreo e realizou diversos bombardeios contra posições adversárias.

Após a Revolução de 1932, Gomes continuou sua carreira na Força Aérea Brasileira (FAB) e alcançou o posto de brigadeiro. Durante a Segunda Guerra Mundial, ele atuou como inspetor de material de guerra na FAB, sendo responsável por modernizar a aviação militar brasileira e estabelecer parcerias com os Estados Unidos.

Após sua carreira militar, Eduardo Gomes ingressou na política. Ele concorreu à presidência do Brasil em três eleições: 1945, 1950 e 1960. Embora não tenha sido eleito, ele foi um dos candidatos mais populares da história do país. Gomes também exerceu cargos políticos, sendo ministro da Aeronáutica e senador da República.

Eduardo Gomes faleceu em 13 de julho de 1981, deixando um legado marcante como militar, político e pioneiro da aviação no Brasil. Ele é reconhecido como uma figura importante na história brasileira, tendo contribuído para o desenvolvimento da aviação militar e para o debate político do país.

General Zenóbio da Costa

O General Zenóbio da Costa nasceu em 09 de maio de 1893, faleceu em 29 de outubro de 1963. Era filho do General José Zenóbio da Costa e de Hermínia Mendes Gonçalves da Costa.

Foi declarado aspirante a oficial do Exército Brasileiro em 05 de abril de 1915, sendo promovido a 2º Tenente em 1917 e a 1º Tenente em 1922.

Foi promovido a Capitão em 1928. Foi promovido ao posto de Major por ato de bravura em 1932. Em 1936 foi promovido a Tenente-coronel. Em 1938 foi promovido a Coronel. E foi promovido ao posto de General de Brigada em 1941 e foi promovido a General de Exército 1951.

O General Zenóbio da Costa ingressou na FEB como voluntário. Sua missão principal era preparar, com treinamento adequado, os efetivos de Infantaria, de acordo com as diretrizes de instrução dos quadros e da tropa do corpo expedicionário emitidas em 18 de agosto de 1943 pelo Estado-Maior do Exército. Recebeu o prazo de 27 semanas para colocar em condições de combate a tropa sob seu comando e, a 31 de março de 1944, desfilou à frente dela na Avenida Rio Branco, sendo amplamente festejado pela população. Demonstrava assim estar pronto para o embarque, cuja data vinha sendo mantida em sigilo.

Em 2 de julho de 1944, o navio-transporte norte-americano General Mann zarpou da Guanabara conduzindo o 1º Escalão da FEB composto de 5.800 homens, sob o comando de Zenóbio da Costa, e levando a bordo o comandante-em-chefe da FEB, general João Batista Mascarenhas de Morais. Em 16 de julho, a tropa brasileira desembarcou em Nápoles, na Itália e permaneceu nas proximidades até o dia 26, quando se transferiu para a Tarquínia. No dia 5 de agosto, incorporou-se aos efetivos do V Exército dos Estados Unidos, comandado pelo general Mark Clark. A 18 deslocou-se para a região de Vada, perto do rio Arno, onde se concentravam fortes dispositivos de tropas alemãs. Nessa área o 1º Escalão, sob o comando de Zenóbio, realizou um teste ofensivo, presenciado pelo general Mark Clark e por 270 oficiais norte-americanos, ao fim do qual foi considerado apto para entrar em combate.

Foi condecorado com a medalha americana "Star Bronze" em português "Estrela de Bronze" pelo General Mark Clark, recebendo do General Norte-americano o seguinte elogio:

"Por ter serviços altamente relevantes registrados em operações de guerra de 19 de fevereiro a 5 março de 1945, sobre a circunscrição do 4º Corpo, no Vale do Rio Reno, na Itália.

Durante as operações militares da Força Expedicionária Brasileira, o General de Brigada Zenóbio da Costa, na qualidade de Comandante da Infantaria Divisionária da 1ª Divisão de Infantaria Divisionária, revelou agressividade de comando e perfeito conhecimento tático, bem como, habilidade em formular seus planos com notável antecedência. Sua impecável formação militar, lado a lado com uma extensa experiência profissional, ficou evidenciada pela rapidez e pela precisão de suas decisões, quando supervisionou pessoalmente, as operações de elementos da 1ª DIE, no bem sucedido ataque a Monte Castelo e no avanço através do vale do Marano. Com inesgotável energia, passou a maior parte do tempo ao lado de suas tropas, guiando-as, dirigindo-as e encorajando-as de todas as formas possíveis, sendo deste modo durante todo esse período, uma constante fonte de inspiração, tornando-se credor dos melhores e mais altos tradições dos exércitos aliados!"

Em julho de 1945, Zenóbio regressou ao Brasil, quando o país vivia um dos momentos mais ativos da campanha presidencial, tendo em vista as eleições marcadas para 2 de dezembro.

Tenente-Coronel Mário Travassos

O Tenente-Coronel Mário Travassos foi um oficial do Exército Brasileiro que serviu na Força Expedicionária Brasileira (FEB) durante a Segunda Guerra Mundial. Ele nasceu em 20 de janeiro de 1913, na cidade de Pelotas, no estado do Rio Grande do Sul, Brasil.

Durante a guerra, o Tenente-Coronel Mário Travassos ocupou o cargo de Chefe de Estado-Maior da 1ª Divisão de Infantaria Expedicionária, que foi a principal unidade do Brasil na Itália. Ele desempenhou um papel fundamental no planejamento e na coordenação das operações militares brasileiras.

A FEB foi enviada à Itália em 1944 e participou de importantes batalhas, como a Batalha de Monte Castello, a Batalha de Montese e a Tomada de Monte Belvedere. A atuação da FEB na campanha italiana foi elogiada por sua coragem e competência.

Após o término da guerra, o Tenente-Coronel Mário Travassos continuou a servir nas Forças Armadas do Brasil, ocupando diversos cargos e contribuindo para o desenvolvimento e modernização das instituições militares do país.

Sargento Max Wolff Filho

Max Wolff Filho (Rio Negro, 29 de julho de 1912 —
Biscaia, 12 de abril de 1945) foi um militar expedicionário da
FEB.

Max era filho do imigrante austríaco, Max Wolff e sua
esposa Etelvina Pacheco Wolff. Max era o segundo de cinco filhos
do casal imigrante.

Aos 11 anos de idade, ainda na escola, Max se tornou o
principal auxiliar do pai, que era dono de uma pequena usina de
torragem e moenda de café.

Em 1928, a família se mudou para a cidade de São Mateus
do Sul quando Max tinha 16 anos, e então ele começou a trabalhar
como escriturário de uma Companhia de navegação que operava
no rio Iguaçu. Max já demonstrava grande vigor físico e
camaradagem. Max ajudava os estivadores nas horas vagas,
ensacando e carregando sacos de erva mate nos navios.

Mais uma vez a família de Max se mudou, indo morar na cidade de Curitiba – PR, onde sua mãe, abriu um restaurante para fornecer almoço aos trabalhadores industriais da cidade.

Em 1930 em Curitiba, Max, aos 18 anos de idade, assentou praça no 15º Batalhão de Caçadores, atualmente a unidade é extinta, mas suas instalações são hoje ocupadas pelo 20º BIB, e pouco depois de terminar seu treinamento básico de infantaria.

Em março de 1930, as eleições brasileiras elegeram o candidato paulista Júlio Prestes, quebrando a histórica aliança entre Minas Gerais e São Paulo, antiga política Café com Leite, onde se revezavam no poder da presidência da República.

Por essa razão, Minas Gerais deu seu apoio ao candidato gaúcho, Getúlio Vargas, iniciando um movimento revolucionário em todo território brasileiro, com o objetivo de impedir a posse de Júlio Prestes.

O Governo do Paraná se alinhou com o governo gaúcho, dessa forma Max Wolff tomou parte na Revolução de 1930, colocando Getúlio Vargas na presidência do Brasil em 03 de novembro de 1930.

Max foi promovido a cabo no ano de 1931 e foi transferido para a 1ª Companhia do 3º Regimento de Infantaria na capital federal, na época, cidade do Rio de Janeiro.

Em 1932, a Companhia foi comandada pelo então Capitão Euclides Zenóbio da Costa, com que Max desenvolveu uma grande amizade.

Em 09 de julho de 1932, eclodiu a Revolução Constitucionalista em São Paulo, as forças federais do Rio de Janeiro foram colocadas em marcha, sob o comando do Cao Zenóbio, Max Wolff Filho mais uma vez marchou para o combate.

Fizeram contato com as forças paulistas próximos da cidade de Itatiaia/RJ, as forças de Zenóbio fizeram o inimigo recuar pela primeira vez.

As forças federais seguiram avançando pelo estado de São Paulo, quando nas proximidades da cidade de Lorena/SP, Max foi atingido por um tiro de fuzil, trespassando seu ombro direito.

Por seu destemor e coragem, aos 21 anos, Max Wolff Filho, foi promovido a 3º Sargento.

Em 1934, o Maj Zenóbio foi encarregado de criar e comandar a polícia municipal do Distrito Federal e trouxe para compor o núcleo da corporação elementos de sua inteira confiança, estando neste grupo o 3º Sgt Max Wolff Filho.

Na polícia Max Wolff tornou-se Chefe de Viatura, desempenhando a função de instrutor de educação física e defesa pessoal, especializando-se em jiu-jitsu, dando aulas dessa modalidade numa academia na quinta da boa vista.

Em 1935 Max se casa com a Sra Nair de Souza Chaves, e em 17 de março de 1936, nasceu sua única e adorada filha, Hilda Wolff.

Durante seu trabalho na polícia, ele ainda tomou parte nas ações de contenção da Intentona Comunista em 1935 e da Ação Integralista Brasileira em 1938. Atuou também no comando de destacamento de vigilância da força.

No começo do ano de 1940, o casal se separou e Max ficou inteiramente com a guarda de sua filha Hilda. Ele era um pai dedicado e amoroso. Ele sempre passava seu tempo livre com ela, da qual tratava com muito cuidado, pois ela tinha crises de bronquite.

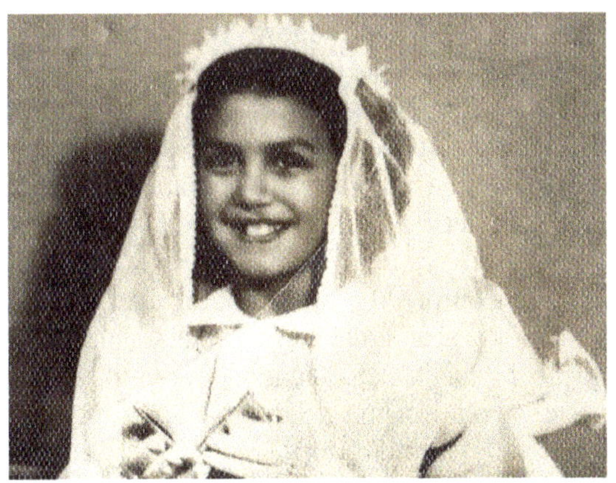

Em 22 agosto de 1942, com a entrada oficial do Brasil na participação da 2ª Guerra Mundial, despertou em Max seu sentimento patriótico. Desde a juventude havia desenvolvido uma personalidade protetora, defensora dos mais fracos e no contexto de Guerra Mundial, o Brasil passou a ser seu alvo de proteção.

Em agosto de 1943, foi formada a FEB e dessa forma, Max Wolff foi voluntário para suas fileiras. Contudo Max já tinha 32 anos de idade e dessa forma foi recusado pelo recrutador, deixando-o muito frustado.

Max descobriu que agora o Gen Zenóbio havia sido nomeado Comandante da Infantaria da FEB, Max o procurou e pediu por sua intervenção pessoal para inseri-lo nas fileiras da FEB. Ao ser perguntado sobre sua situação de saúde, Max confessou que tinha uma Hérnia e por essa razão não passaria pelos exames médicos.

Então ele prometeu a Zenóbio que providenciaria uma solução para o problema, então ele recebeu uma carta de apresentação assinada pelo General Zenóbio, sem data para que Max resolvesse o problema e depois se apresentasse.

No início de 1944 recorreu ao serviço médico da Polícia para realizar a cirurgia de remoção de hérnia, enquanto convalescia observava ansioso a preparação para embarque do primeiro escalão que partiu para a Itália em 02 de Julho de 1944.

Max foi liberado pelo hospital, ele matriculou sua filha Hilda, no sistema de internato do Colégio Santos Anjos e deixou a tutoria de sua filha com um amigo policial.

Colégio Santos Anjos – Rio de Janeiro/RJ - Atualmente

Em agosto de 1944, Max preencheu a data da carta assinada pelo General Zenóbio, apresentando-se na Vila Militar para realização de inspeção de saúde.

Max foi aprovado nas inspeções e integrado as fileiras da FEB, como 3º Sargento excedente do 11º RI, originário de São João Del Rey (MG).

Embarcou para a Itália junto com o 3º Escalão em 22 de setembro de 1944, desembarcando em Nápoles em 6 de outubro de 1944.

Partindo imediatamente com o contingente do 1º e 11º RI para o campo de treinamento em Pisa, o 11º RI foi o último a concluir a fase de treinamento.

Foi para a linha de frente em Monte Castelo em 01 de dezembro de 1944.

Wolff foi alocado na Companhia de Comando do 1º Batalhão, comandado pelo Major Jacy Guimarães, por sua idade avançada e pela sua experiência em combate real, Max Wolff foi inicialmente assessor do Comandante.

No dia 12 de dezembro de 1944 a FEB recebeu a incumbência de tentar mais uma vez, a tomada do Monte Castelo antes do inverno chegar.

Devido a forte artilharia alemã em cima do Monte, diversos pelotões ficaram separados e isolados, também um grande número de feridos e mortos. Então nesta situação desesperadora que a figura protetora de Max Wolff Filho despontou.

Em meio ao caos da cadeia de comando que tentava manter o controle da situação, ele se voluntariou para ir a frente e levar munição aos pelotões que estavam sobre fogo e na volta sobre um esforço heroico trazia feridos para realizar tratamento médico.

A impossibilidade de chegar ao cume do Monte Castelo naquele momento se tornou evidente e o ataque foi cancelado as 15 hs, deixando pelo campo de batalha, vários soldados feridos e mortos.

Gen Zenóbio fez um pedido especial para Max, que resgatasse o Capitão João Tarcísio Bueno, comandante da 1ª Companhia do 11º RI que havia recebido um tiro de fuzil no peito naquela manhã, enquanto comandava seus subordinados naquele ataque. Max calmamente aceitou a missão e partiu com mais dois padioleiros, não conseguiu encontrar o corpo do Capitão, mas resgatou dois soldados feridos no seu retorno.

Capitão Bueno havia sido severamente ferido, mas permaneceu vivo e ficou 24hs imobilizado na "terra de ninguém" até ser resgatado na manhã seguinte.

Por essas ações o Coronel Delmiro de Andrade Comandante do 11º RI fez um relatório com referência elogiosa sobre a conduta exemplar de Max Wolff Filho durante o trágico ataque do dia 12 de dezembro de 1944, recomendando a condecoração norte-americana "Bronze Star". Para ser efetivada essa condecoração, ela devia subir via canal de comando até o Cmt do 4º Corpo de Exército e depois até o Quartel General do 5º Exército, que era comandado pelo General Lucian Truscott.

Enquanto o inverno paralisava as ações ofensivas, as patrulhas de reconhecimento estavam em plena atividade na linha de frente para capturar inimigos e materiais.

Nesse período Max Wolff realizou voluntariamente dezenas de incursões em território inimigo.

Por ser um dos sargentos mais velhos da Divisão Expedicionária, logo Max transformou-se numa figura paterna e ganhou o apresso e afeição dos soldados, pois ele os tratava como filhos.

No dia 06 de março de 1945, o 1º Batalhão do 11º RI, agora comandado pelo Major Manoel de Carvalho Lisboa conseguiu consolidar posições em Castelnuovo.

Manter as comunicações com essas novas posições era imprescindível, mas o terreno desconhecido era densamente minado, dificultando imensamente a operação.

Pouco depois das 00Hs do dia 07 de março de 1945, o Sargento Max Wolff partiu voluntariamente numa missão pelo terreno escuro para passar cabos telefônicos entre as unidades na linha de frente, ganhando por esse feito uma segunda menção honrosa pessoal pelo Gen Mascarenhas.

Sgt Max Wolff sendo cumprimentado pelo Gen Zenóbio por seu excelente desempenho

Poucos dias depois o General Lucian Troscott, Cmt do 5º Exército, agraciou o Sgt Max Wolff Filho com a medalha Bronze Star e também a merecida promoção a 2º Sargento.

Sgt Max Wolff Filho sendo condecorado com a Bronze Star

Foi quando o Major Lisboa com base na experiência de combate de seu Batalhão decidiu criar uma unidade de choque dentro de suas fileiras, um pelotão especial composto apenas por guerreiros de destaque, soldados que haviam demonstrado grande aguerrimento frente ao inimigo o famoso "Pelotão SS".

O Pelotão ganhou esse apelido devido a fama que as unidades alemãs tinham entre as forças aliadas na Itália. Para comandar essa nossa tropa de elite, Major Lisboa escolheu o Sargento Max Wolff Filho.

A FEB estava se preparando para cumprir outra missão, a tomada de Montese. Max tinha recebido uma merecida folga na cidade de Roma por 6 dias, ele visitou o Vaticano, tomando parte numa recepção ao Papa Pio XII.

Os amigos de Max contrataram um artista para realizar uma caricatura de Max. Ele achou muito parecida com seu estado de espírito e aparência.

Ele enviou a caricatura para sua filha em sua última correspondência.

No dia 12 de abril de 1945 o QG do 1º Batalhão estava em Monteforte, recebeu ordens expressas para fazer um reconhecimento das vias de aproximação de Montese detectando a presença de inimigos nestas localidades.

Nessas localidades eram cheias de casas de campo e pequenos vilarejos e eles deviam ser "limpos" tirando os inimigos.

Foram enviados 2 pelotões, um do Ten Iporan e o outro era o Pelotão SS comandado pelo 2º Sgt Max Wolff Filho.

Uma hora antes de partir, Max conversou com o jornalista de campo, Joel Silveira, e a ele confiou uma última mensagem a sua família: "- *Aos parentes e amigos estou bem, a minha querida filhinha, papai vai bem, voltará em breve!*"

Equipados com submetralhadoras Thompson, os 19 homens de Wolff partiram para a perigosa ação diurna ao meio-dia em direção a cota 747, relevo alto nas proximidades da comunidade de Riva di Biscia. O céu estava claro e estranhamente quieto, do ponto de observação, o comando do Batalhão observava o avanço de Wolff.

Estavam vasculhando o caminho a frente, quando próximo das 13:30 hs, viram três casas, Max dividiu o pelotão, indo pela esquerda e outro pela frente das casas.

Sgt Max Wolff Filho a frente de seu pelotão

Max chutou uma porta e entrou na casa, os soldados que estavam do lado de fora, ficaram apreensivos, mas, de repente, Max voltou com sorriso, para alívio dos soldados.

Enquanto a patrulha voltava para a estrada, Max pediu para que os soldados se ajoelhassem na cota do terreno. Subiu passo a passo seus últimos metros de sua vida, quando Max cruza uma cerca, quando se aproximou uns 30 metros de outra casa quando de repente uma curta e certeira rajada de metralhadora atingiu o dorso, levando as mãos ao peito, ele caiu de joelhos e foi quando uma segunda rajada mortal passou em seu corpo, caindo sem vida no chão. O pelotão imediatamente abriu fogo contra o edifício e o Soldado Alfredo Estevão da Silva tentou resgatar o corpo do sargento e foi morto também. Os alemães lançaram dois sinalizadores e rapidamente de trás dos montes, ruge a artilharia alemã em cima do pelotão, eis que surge uma chuva de fogos em frente a casa, onde estava o corpo do sargento, bloqueando qualquer tentativa brasileira de tentar resgatar os corpos.

Em seguida a artilharia brasileira abriu fogo no monte, dando cobertura para que o pelotão recuasse e voltasse ao QG do Batalhão.

O 2º Sgt Max Wolff Filho foi morto em combate e ao contrário do que tanto fez durante sua curta e emocionante carreira na FEB, seu corpo foi abandonado no campo de batalha, incapaz de ter sido retirado ante a força da artilharia alemã.

A morte de Max Wolff foi prenúncio da violenta intensidade da resistência alemã em Montese.

Muitos soldados do pelotão voltaram aos prantos e o jornalista Joel Silveira registrou tudo aquilo: *"- Vi perfeitamente quando a rajada de metralhadora rasgou o peito do Sargento Max Wolff Filho. Instintivamente ele juntou as mãos sobre o ventre e caiu de bruços. Não mexeu mais. O tenente que estava ao meu lado no posto de observação apertou os dentes com força, mas não disse uma palavra. Quando lhe perguntei se o homem que havia tombado era o sargento Wolff, ele balançou a cabeça afirmativamente."*

O corpo de Max foi resgatado 48hs depois com o desalojamento dos alemães da região.

Ele foi inicialmente enterrado junto dos outros mortos brasileiros no cemitério militar brasileiro em Pistóia - Itália, e em 1960 teve seus restos mortais transferidos, juntamente com todos os demais, para o mausoléu da FEB no Rio de Janeiro/RJ.

Max Wolff Filho foi promovido *post morten* e condecorado com a Cruz de Combate de 1ª Classe, a maior condecoração brasileira por bravura.

Sua lenda se espalhou pelo Brasil e seu nome batiza diversas instituições, como hoje o 20º BIB, na cidade de Curitiba/PR tem o nome, Batalhão Sgt Max Wolff Filho, mesmo batalhão que ele havia sentado praça.

Ele também é o patrono da Escola de Sargentos das Armas, na cidade de Três Corações/MG

Cabo Marcílio Luiz Pinto

O Cabo Marcílio Luiz Pinto foi o primeiro militar do Exército Brasileiro a receber uma condecoração por bravura do Exército Americano.

A insígnia que lhe foi conferida por bravura, chamada de "Silver Star", traduzindo "Estrela de Prata", foi citada na ordem do dia, no dia 08 de novembro de 1944,pelo General Mark Clark, sendo alvo de comentários dos mais elogiosos atendendo o valor da medalha recebida.

Por sua conduta audaz, sendo exemplo para todos os militares brasileiros que se empenham e reafirmam as tradições de agressividade e heroísmo dos nossos soldados.

O relato do elogio do General Norte-americano:
"Quando membro de uma patrulha em missão de reconhecimento, nas vizinhanças do Monte de Torre de Nerone, na Itália, o Cabo Pinto participou de um ataque surpresa a uma posição inimiga. Sem preocupar-se com sua segurança pessoal, avançou sobre um ponto forte inimigo e capturou vários prisioneiros bem como seu respectivo equipamento!"

Capítulo 9: Legado da FEB

Esses selos acima, foram preparados pela Casa da Moeda, em agosto de 1944, para ser utilizados no Correio, destinado a assinar a vitória das Nações Unidas. Passaram a entrar em circulação em maio de 1945, após a vitória dos Aliados.. Foram lançados em todo território nacional.

O legado deixado pela Força Expedicionária Brasileira (FEB) e seu impacto na sociedade brasileira são de grande importância e têm efeitos duradouros. Vamos explorar esse legado e impacto:

Valorização do Patriotismo e do Nacionalismo:
A participação da FEB na Segunda Guerra Mundial despertou um sentimento de patriotismo e orgulho nacional no Brasil. Os soldados da FEB, com seu heroísmo e dedicação à pátria, inspiraram gerações subsequentes a valorizar a importância do patriotismo e a defender os ideais de liberdade, justiça e soberania nacional.

Reconhecimento Internacional:
A atuação da FEB na guerra colocou o Brasil no cenário internacional como um país comprometido com a luta pela paz e a defesa dos direitos humanos. O reconhecimento internacional conquistado pelos soldados brasileiros fortaleceu a imagem do Brasil como uma nação responsável e solidária, contribuindo para sua influência e prestígio global.

A posição internacional do Brasil tornou-se tão forte, devido a sua participação ativa na 2ª Guerra Mundial e a sua colaboração com as Nações Unidas, dessa forma o Brasil ganhou mais destaque no papel diplomático de sua história, devido as seguintes razões:
- Participação do V Exército na Itália, com a FEB;
- A honra conferida pelo Gen Mark, Cmt do V Exército;
- A marinha de guerra brasileira ficou responsável por todo patrulhamento do Atlântico Sul, liberando as frotas navais americanas para lutarem no pacífico;
- As eleições livres e democráticas que se realizaram no ano de 1946;
- A organização das forças armadas: Exército, Marinha e Força Aérea, completamente treinados e capacitados;

- A importância da base aérea brasileira na cidade de Natal/RN para dar apoio a Força Aérea Americana, sem essa base não conseguiria conquistar o norte da Africa;

- A contribuição do governo brasileiro com 30 milhões de dólares;

- A intenção do presidente Getúlio Vargas em transformar o Brasil cafeicultor primário em uma nação industrial e agricola.

Essas são as principais razões que o Brasil tinha para ser mais notado diplomaticamente por outras nações.

Fortalecimento das Forças Armadas:

A participação da FEB na guerra teve um impacto significativo no fortalecimento e modernização das Forças Armadas brasileiras. A experiência adquirida pelos soldados da FEB em combate e a necessidade de lidar com as demandas e desafios de uma guerra contribuíram para a atualização das estratégias, táticas e equipamentos militares, além de promover uma mentalidade de profissionalismo e excelência nas Forças Armadas.

Reconhecimento e Valorização dos Veteranos:

A atuação da FEB trouxe um maior reconhecimento e valorização dos veteranos de guerra no Brasil. Os soldados da FEB passaram a ser vistos como heróis e símbolos de coragem, determinação e sacrifício em defesa da nação. Diversas iniciativas e homenagens foram realizadas para preservar a memória e o legado dos veteranos da FEB, garantindo que suas histórias e contribuições sejam lembradas e apreciadas.

Reflexo na Identidade Nacional:

A participação da FEB na Segunda Guerra Mundial teve um impacto profundo na identidade nacional brasileira. A atuação dos soldados brasileiros fortaleceu a ideia de um Brasil capaz de contribuir para causas internacionais e enfrentar desafios globais. Além disso, a diversidade étnica e cultural da FEB refletiu a própria diversidade do povo brasileiro, reforçando o senso de unidade e pertencimento nacional.

O legado deixado pela FEB continua vivo na sociedade brasileira. Os valores de patriotismo, coragem e solidariedade transmitidos pelos soldados da FEB inspiram gerações futuras a defenderem os princípios da liberdade, justiça e paz. A memória dos veteranos da FEB é preservada como um exemplo de bravura e sacrifício, e sua influência é sentida em diversas esferas da sociedade brasileira, desde as Forças Armadas até a cultura e a identidade nacional.

A preservação da memória e o reconhecimento dos heróis da Força Expedicionária Brasileira (FEB) são de extrema importância para a sociedade brasileira. Destacar e valorizar o legado deixado pelos soldados da FEB traz diversos benefícios e ensinamentos para as gerações presentes e futuras. Aqui estão algumas razões pelas quais é fundamental preservar a memória e o reconhecimento dos heróis da FEB:

Gratidão e Respeito:
Preservar a memória dos heróis da FEB é uma forma de expressar gratidão e respeito por seu sacrifício e serviço à nação. Os soldados da FEB deixaram suas famílias e enfrentaram perigos e adversidades em prol da liberdade e da justiça. Reconhecer seu heroísmo é uma maneira de honrar seu legado e mostrar apreço pelo que eles fizeram em nome do Brasil.

Inspiração para as Gerações Futuras:
Ao preservar a memória dos heróis da FEB, fornecemos exemplos inspiradores para as gerações futuras. Suas histórias de coragem, dedicação e superação são fontes de inspiração para os jovens, mostrando-lhes a importância de lutar por seus ideais, defender a pátria e contribuir para um mundo melhor. Esses

exemplos podem moldar os valores e a ética de liderança das futuras gerações.

Consciência Histórica:

A memória dos heróis da FEB é parte integrante da história do Brasil. Preservar essa memória ajuda a manter viva a consciência histórica, permitindo que as gerações atuais compreendam e apreciem o papel desempenhado pela FEB na Segunda Guerra Mundial e seus impactos na sociedade brasileira. A consciência histórica é essencial para evitar a repetição de erros e para valorizar as conquistas alcançadas.

Preservação da Identidade Nacional:

Os heróis da FEB contribuíram para a construção da identidade nacional brasileira. Reconhecer e preservar sua memória ajuda a fortalecer essa identidade, mostrando as características únicas do povo brasileiro, como a coragem, a diversidade e a solidariedade. Ao preservar a memória dos heróis da FEB, reafirmamos a importância desses valores na construção do país.

Lições para o Presente e Futuro:

As histórias dos heróis da FEB oferecem lições valiosas para o presente e o futuro. Seus sacrifícios e suas conquistas são um lembrete constante da importância de defender a liberdade, lutar contra injustiças e trabalhar pela paz. As experiências dos soldados da FEB podem ser aplicadas aos desafios enfrentados atualmente, servindo de inspiração para a superação de obstáculos e a busca por um mundo mais justo e equitativo.

Preservar a memória e o reconhecimento dos heróis da FEB é um ato de justiça e gratidão. É uma forma de honrar aqueles que dedicaram suas vidas à defesa da nação e de garantir que suas histórias e contribuições sejam lembradas e apreciadas. Ao fazê-lo, reafirmamos nosso compromisso de valorizar o heroísmo, a coragem e a dedicação à pátria, inspirando futuras gerações a seguirem seus passos e deixarem seu próprio legado.

Epílogo:

A bravura e o sacrifício dos soldados brasileiros na Segunda Guerra Mundial são um testemunho notável do espírito humano diante de desafios extremos. Esses homens corajosos deixaram suas casas e famílias para lutar em terras estrangeiras, enfrentando perigos mortais em prol da liberdade e da justiça. Sua bravura e determinação não apenas impactaram o resultado da guerra, mas também deixaram um legado duradouro para o Brasil e o mundo.

Os soldados brasileiros na Segunda Guerra Mundial demonstraram um compromisso inabalável com seus ideais, arriscando suas vidas em nome da pátria e de um mundo melhor. Enfrentaram condições adversas, desafios físicos e emocionais, e combateram com coragem e honra. Eles encarnaram os valores do patriotismo, da solidariedade e do espírito de luta em face das dificuldades.

O sacrifício desses soldados não pode ser subestimado. Muitos deles perderam suas vidas, sofreram ferimentos graves ou carregaram traumas que os acompanharam pelo resto de suas vidas. Suas histórias e sacrifícios devem ser lembrados e honrados, pois representam um exemplo vivo de abnegação, serviço e amor à pátria.

A bravura e o sacrifício dos soldados brasileiros na Segunda Guerra Mundial não devem ser esquecidos. Eles nos lembram do preço da liberdade e da importância de defender os valores que consideramos essenciais. São um lembrete de que o heroísmo e a coragem estão presentes em todos nós, e que em momentos de adversidade, podemos encontrar força para superar desafios aparentemente insuperáveis.

Ao refletir sobre a bravura e o sacrifício dos soldados brasileiros na Segunda Guerra Mundial, somos inspirados a buscar um mundo melhor, onde a paz, a justiça e a liberdade sejam valores fundamentais. Seu legado vive através de nós, nos lembrando do poder do compromisso, da resiliência e da determinação em face da adversidade.

Que possamos honrar a memória desses heróis, valorizando suas contribuições e trabalhando para construir um mundo onde seus sacrifícios sejam verdadeiramente reconhecidos e onde a paz e a justiça prevaleçam. Que nunca nos esqueçamos da bravura e do sacrifício dos soldados brasileiros, e que eles continuem a nos inspirar a buscar um futuro melhor para todos.

Incentivo você, leitor, a explorar e aprender mais sobre a história da Força Expedicionária Brasileira (FEB) e a valorizar o legado deixado por esses heróis. A história da FEB é um capítulo significativo do Brasil na Segunda Guerra Mundial e merece ser conhecida e apreciada.

Ao aprender mais sobre a FEB, você terá a oportunidade de se aprofundar nas histórias individuais dos soldados, compreender os desafios que enfrentaram e testemunhar sua coragem e sacrifício em prol da liberdade e da justiça. Suas experiências trazem lições valiosas sobre resiliência, camaradagem e determinação em face de circunstâncias adversas.

Além disso, valorizar o legado deixado pela FEB é uma forma de honrar a memória desses heróis. Eles colocaram suas vidas em risco para defender nossa nação e nossos ideais. Ao reconhecer e apreciar sua contribuição, estamos reafirmando nosso compromisso com os valores que eles defenderam.

Você pode aprender mais sobre a FEB através de livros, documentários, exposições e outras fontes de informação histórica. Explore os relatos dos veteranos, mergulhe nas batalhas em que estiveram envolvidos e entenda a importância estratégica de suas ações.

Além disso, visite monumentos e memoriais dedicados à FEB, participe de eventos comemorativos e apoie iniciativas que buscam preservar e promover a memória dos heróis da FEB. Compartilhe essas histórias com amigos, familiares e comunidade, garantindo que o legado desses heróis seja transmitido às gerações futuras.

Ao aprender mais sobre a história da FEB e valorizar seu legado, você contribuirá para manter viva a memória desses soldados e para a preservação de um importante capítulo da história brasileira. Mais do que isso, honrará seu sacrifício e inspirando-se em seu exemplo de coragem e dedicação à pátria.

Portanto, não perca a oportunidade de explorar a história da FEB, aprender com os heróis que a compõem e compartilhar sua importância com aqueles ao seu redor. Seja parte da preservação desse legado e ajude a manter viva a memória dos soldados brasileiros da FEB.

Fontes:

Livros:
-Aliança Brasil – EUA, Dennison de Oliveira, Ed Juruá – 1ª Ed 2015;
-Bárbaros, sujos e fatigados, César Campiani Maximiliano, Ed Grua Livros – 1ª Ed 2010;
-120 Objetos que contam a história do Brasil na 2ª Guerra Mundial, César Campiani Maximiliano, Ed Livros de Guerra – 1ª Ed 2019;
-Os soldados alemães de Vargas, Dennison de Oliveira, Ed Juruá – 1ª Ed 2008;
-1942: O Brasil e sua guerra desconhecida, João Barone, Ed HarperCollins Brasil – 1ª Ed 2018;
-Os brasileiros e a Segunda Guerra Mundial, Francisco César Ferraz, Ed Zahar – 1ª Ed 2005

Jornais:
- A Noite;
- Diário de Notícias
- Correio da Manhã
- O Globo Expedicionário

Sites:
https://memorialdafeb.com/
https://chicomiranda.com/
http://memorialdademocracia.com.br/
https://www.infoescola.com/
https://www.facebook.com/vdevitoriabr/
http://www.clubesargentowolff.com.br/
http://www.gazetainformativa.com.br/
https://ourovivo.com.br/13/04/2021/cidades/sao-mateus-do-sul/12-de-abril-de-1945-morre-em-combate-o-3o-sargento-max-wolf-filho/
https://www.forte.jor.br
https://tokdehistoria.com.br/2013/02/08/eles-desonraram-a-farda-da-forca-expedicionaria-brasileira/
https://almanaquemilitar.com.br/segunda-guerra-mundial/16-de-julho-de-1944-tropas-da-feb-desembarcam-na-italia/
http://www.cmpa.eb.mil.br/gremios-e-clubes/gremio-da-marinha-do-brasil
https://www.jornalnh.com.br/noticias/mundo/2020/02/20/2---guerra-mundial--tomada-historica-de-monte-castello-completa-75-anos.html
http://conteudo.ebc.com.br/
https://www.facebook.com/vdevitoriabr
https://lapaazul.files.wordpress.com/2021/02/belvedere-mte-castello-locais-jpeg.jpg
https://dunapress.com/2023/04/19/exercito-relembra-heroismo-do-sargento-max-wolf-filho/
https://armasonline.org/
https://jornalismodeguerra.com
https://segundaguerra.org/
https://saladeguerra.com.br

Esta obra é dedicada a todos heróis que lutaram tanto no campo de batalha como fora dele para libertar o mundo.

Também é dedicada a todo cidadão brasileiro para lembrar da raça e determinação desse povo aguerrido e bravo.

ISBN: 978-65-00-78842-6